名珍場面から振り返る

野球のルール

監修 小林毅二
（元セントラルリーグ審判部長）

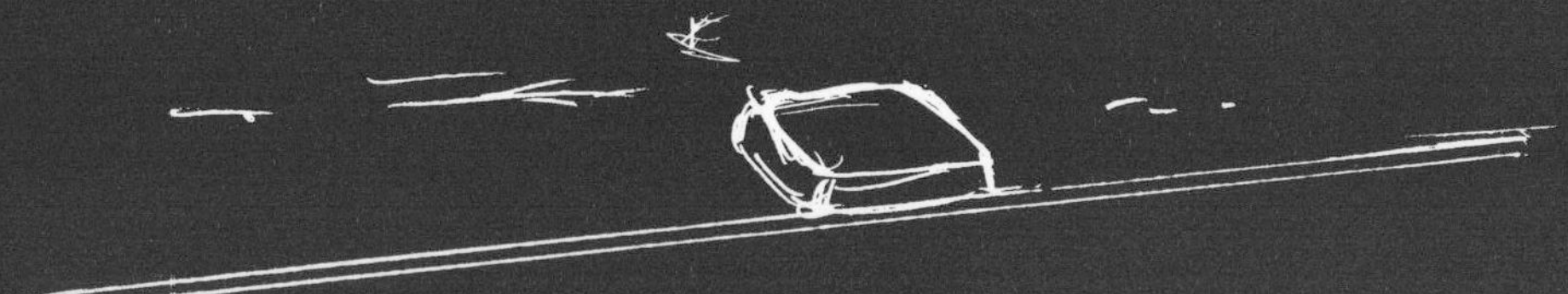

KANZEN

野球ファンのみなさんへ——
45問、すべて答えがわかりますか?

はじめに

インフィールドフライ、インターフェア、審判の妨害、故意落球、第3アウトの置き換え、15秒ルール、振り逃げ…、これらの用語をわかりやすく解説できる人はどれぐらいいるでしょうか。野球をやってきた人でも、案外難しいことだと思います。

1991年6月5日の広島対大洋戦で、インフィールドフライでのサヨナラ負けという珍しいケースがありました。1アウト満塁で、捕手頭上への高いフライ。球審はインフィールドフライを宣告しましたが、達川光男捕手が捕りきれずに、フェアグラウンドへポトリ。各走者は慌ててスタートを切ると、ボールを拾った達川捕手が本塁を踏み、すぐに一塁へ送球。ゲッツーだと思った守備陣は、そのままベンチへ下がりました。しかし、このあと三塁走者が本塁を踏むと、球審が得点を認め、サヨナラ勝ちとなったのです。当然、達川捕手も山本浩二監督（当時）も抗議にきましたが、球審がルールを説明したところ、引き下がるしかありませんでした。

なぜ、ゲッツーは成立しないのでしょうか？

その理由は公認野球規則6．05（e）項「インフィールドフライが宣告された場合」に、詳しく書かれています。公認野球規則とは、いわばルールブックのことです。ただ、「公認野球規則6．05（e）」と言われても、多くのファンは頭に「？」マークが浮かぶのではないでしょうか。プレーヤーや指導者にとって必須のルールブックですが、野球に関わっている人でさえも、すべてのルールを知っているかといえばそうではありません。それぐらい、野球のルールは複雑で難しいと言われています。

本書では高校野球、プロ野球、メジャーリーグなどで実際に起きたプレーを題材にして、野球のルールをクイズ形式でわかりやすく紹介しています。実例とともに、一目でプレーがわかるイラストも掲載しています。

試合を見ていると、「どうしてこの判定になるの？」と疑問を抱くプレーに遭遇することがあります。そのときにルールを知っていれば、今よりも深く野球を見ることができると思います。ルールを知ることで勝つこともあれば、ルールを知らないがために負けることもある。それが野球の面白さであり、難しさです。ぜひ、ルールの奥深き世界を楽しんでください。

小林毅二

名珍場面から振り返る

野球のルール

CONTENTS

PITCHING【投球編】

FIELDING【守備編】

Q020

一塁線を破る打球に対して、ファウルグラウンドにいたボールボーイが「ファウル」と勘違いして打球を捕ってしまった。さて、判定は？

091

Q021

無死一塁で一塁側への送りバント。投手が処理し、一塁へ送球するも一塁ファウルラインの内側を走っていた打者走者に当たり、ボールは外野を転々。一塁走者は一気にホームを踏んだが、この得点は認められる？

095

Q022

一塁走者が二塁へ盗塁を試みた際、激しいスライディングでセカンドのグラブからボールがこぼれた。タイミングを見ればアウト。この盗塁は認められる？

099

Q023

無死一塁でショートライナー。ショートは地面スレスレで捕球後、意識的にボールを落とし、6→4→3の併殺を狙いにいった。この併殺は成立する？

103

Q024

投手がゴロをさばくも、ボールがグラブに引っかかってしまったため、グラブごとファーストへ。ファーストは脇で抱えるようにして捕球した。打者の触塁よりも早かったが、この判定はどうなる？

107

Q025

ライトフェンス際の飛球に対して、グラブを差し出す外野手。ところが、グラブの中でボールが跳ね、そのまま外野スタンドに入ってしまった。打球はフェア。このときの判定は？

111

Q026

走者一、二塁で投手が暴投。捕手がネット裏に転がったボールを拾いにいこうとすると、球審と激突し、ボール入れから予備のボールが落ちた。捕手はそのボールを拾って、三塁を回ってきた走者に本塁付近でタッグしたが、アウトになる？

115

Q027

2アウト一、三塁からショートバウンドの変化球を空振り。捕手は打者への触球（タッグ）をせずにベンチに戻った。その間に、走者も打者も各塁を回り、最後にホームベースを踏んだ。ここでの得点は認められる？

119

Q028

1アウト一、三塁でショートライナー。一塁走者は一塁に戻りきれず、ライナーゲッツーとなったが、三塁走者はショートからの送球をファーストが捕球するよりも早くホームを踏んでいた。ただし、リタッチしてのタッチアップではない。このとき得点は入る？

123

Q029

1アウト一、二塁で4→6→3の併殺完成と思いきや、投球直前にレフト線審がタイムをかけていた。3アウトチェンジと信じて疑わない守備陣は、併殺を取るとすぐにベンチへ。この併殺は認められる？

127

RUNNING【走塁編】

RECORD 【記録編】

各ページで紹介している野球規則は、該当箇所のみ掲載しています。

カバーイラスト解説

あまりにも2人が
似すぎたために起きた珍事

ジョージ・ライトとトニー・バナザード。2人の助っ人は、どちらも相当の“瞬間湯沸かし器”だった。1シーズンで2人はたびたび乱闘騒動を起こしては退場処分に。しまいには、暴力行為を働いたのはバナザードだったにもかかわらず、退場を宣告されたのはライトだったり……。このシーンは今回の野球ルールの出題とは直接関係はないが、野球ではさまざまな名珍場面に出くわすことが多い。それも野球の醍醐味のひとつである。

打撃編

BATTING

QUESTION 1

ホームラン性の飛球が応援団の旗に当たり外野へ落ちた場合の判定は？

レフトへホームラン性の大飛球。ホームランかフェンス直撃かという状況下で、予期せぬことが起きました。スタンド最前列に陣取った応援団の旗にボールが直撃し、フェンスの前にポトリ。プレイはそのまま続けられ、打者走者は三塁でストップしました。

A 旗に当たってもインプレイ。走者三塁で試合続行。

B 旗に当たらなければフェンス直撃の二塁打と見なされ、打者走者は二塁に戻される。

C 予想外の事態として、このプレイはノーカウントで打ち直し。

難易度

A 1

旗に当たらなければ「二塁打」と見なされ、走者二塁で再開。

Q1

ホームラン性の飛球が応援団の旗に当たり外野へ落ちた場合の判定は？

1995年6月20日、横浜スタジアムで行われた横浜対阪神の10回戦で起きたプレイです。9回表、マウンドにはリリーフの佐々木主浩投手、打席には新庄剛志選手。一発出れば同点のしびれる場面でした。レフトへの大飛球が、阪神応援団が振っていた旗に当たり、フェンス手前にポトリと落ちたのです。レフトの宮里太選手が慌ててボールを拾い、内野へ返球。そのため、新庄選手は三塁でストップせざるをえませんでした。

さて、判定はどうなるでしょうか。判定の根拠となるのは、公認野球規則3.16です。

「打球または送球に対して観衆の妨害があったときは**妨害と同時にボールデッド**となり、審判員は、もし妨害がなかったら競技はどのような状態になったかを判断して、ボールデッド後の処置をとる」

旗に当たらなかった場合、ボールはどこまで飛んだのか。ここが、判定のポイントでした。審判団の協議の結果、「旗に当たらなくても、フェンスは越えなかった。フェンス直撃の二塁打」と判断され、新庄選手は二塁に戻されることになりました。

ただし、**明らかにホームランであれば**、たとえ旗に当たって外野に落ちたとしても、判定はホームランになります。新庄選手の当たりは、ホームランかフェンス直撃かという微妙な飛球でした。この一件を機に、横浜スタジアムでは前列での旗振りが禁止になったという話もあります。

なお、外野手が落下地点に入っていたフライに対して、観衆の妨害によって打球が捕れなかった場合は「アウト」です。3.16の【付記】が適用されます。

A 1

出題元となった試合をPLAYBACK

［セ・リーグ公式戦］

阪神 3-4 横浜

（1995年6月20日　横浜スタジアム）

勝 島田4勝0敗　敗 藪5勝6敗　S 佐々木4勝1敗15S　本 新庄4号、鈴木3号

ファンの応援旗による幻の同点弾

2連勝中の横浜が運にも恵まれた。最終回、阪神の先頭打者・新庄が放った左中間スタンドへの打球は、阪神ファンが振る旗を直撃して「二塁打」に。騒然とする中、無死一、三塁まで攻められるも、リリーフエース・佐々木が踏ん張り試合終了となった。

［9回表］
先頭打者、新庄選手の打席

TEAM	1	2	3	4	5	6	7	8	9	計
阪神	0	0	0	0	2	0	1	0	0	3
横浜	0	0	1	0	0	1	0	2	X	4

Q1

ホームラン性の飛球が応援団の旗に当たり外野へ落ちた場合の判定は？

解説 今回の答えの根拠となった野球規則

3.16　打球または送球に対して観衆の妨害があったときは妨害と同時にボールデッドとなり、審判員は、もし妨害がなかったら競技はどのような状態になったかを判断して、ボールデッド後の処置をとる。

［付記］観衆が飛球を捕らえようとする野手を明らかに妨害した場合には、審判員は打者に対してアウトを宣告する。

［原注］打球または送球がスタンドに入って観衆に触れたら、たとえ競技場内にはね返ってきてもボールデッドとなる場合と、観衆が競技場内に入ったり境界線から乗り出すか、その下またはあいだをくぐりぬけてインプレイのボールに触れるか、あるいはプレーヤーに触れたりその他の方法で妨げた場合とは事情が異なる。後者の場合は故意の妨害として取り扱われる。打者と走者は、その妨害がなかったら競技はどのような状態になったかと審判員が判断した場所におかれる。

野手がフェンス、手すり、ロープから乗り出したり、スタンドの中へ手をさし伸べて捕球するのを妨げられても妨害とは認められない。野手は危険を承知でプレイしている。しかし、観衆が競技場内に入ったり、身体を競技場の方へ乗り出して野手の捕球を明らかに妨害した場合には、打者は観衆の妨害によってアウトが宣告される。

例：1アウト走者三塁、打者が外野深く飛球（フェアかファウルかを問わない）を打った。観衆がそれを捕球しようとする外野手を明らかに妨害した。審判員は観衆の妨害によるアウトを宣告した。その宣告と同時にボールデッドとなり、審判員は打球が深かったので、妨害されずに野手が捕球しても捕球後三塁走者は得点できたと判断して、三塁走者の得点を認める。本塁からの距離が近いほんの浅いフライに対しては、妨害があっても、このような処置をとるべきではない。

QUESTION 2

同点でサヨナラ満塁ホームランも、打者走者が一塁走者を追い越したときの判定は？

同点の9回裏、2アウト満塁。快音を残した一打はレフトスタンドへのホームラン。打者も走者も歓喜のガッツポーズ。すると、嬉しさのあまり、一塁ベースを回ったところで打者走者と一塁走者が抱き合い、クルリと1回転してしまいました。三塁走者はすでにホームインしています。

A 打者走者の走者追い越しとなり得点は認められず3アウトチェンジ。

B ホームランはホームラン。そのまま4点が入る。

C 二人が抱き合ったとき、三塁走者はすでにホームイン。「1点」が認められる。

難易度

A 2

打者走者が一塁走者を追い越したとき、三塁走者はホームを踏んでいたため1点が入る

Q2

同点でサヨナラ満塁ホームランも、打者走者が一塁走者を追い越したときの判定は？

2004年9月20日、日本ハム対ダイエー。同点で迎えた9回裏2アウト満塁で、打席には新庄剛志選手。初球をとらえたあたりは、レフトスタンドへ一直線。文句なしのサヨナラ満塁弾でした。ところが、一、二塁間で一塁走者の田中幸雄選手と抱き合い、そのままクルリと回転。つまり、新庄選手が前を走っていた田中選手を追い越した形になってしまったのです。

公認野球規則を確認しましょう。7．08「次の場合、走者はアウトになる」の（h）項に、「後位の走者がアウトになっていない前位の走者に先じた場合。**（後位の走者がアウトになる）**」とあります。さらに【注1】として、「ボールインプレイ中に起きた行為（たとえば悪送球、ホームランまたは柵外に出たフェアヒットなど）の結果、走者に安全進塁権が認められた場合にも、本項は適用される」

以上のことから、新庄選手はアウトになることがわかるはずです。問題は、得点が入るかどうかにあります。ポイントは、三塁走者がいつホームを踏んだか。このときは、新庄選手が追い越す前に、ホームを踏んでいました。

4．11（C）の【付記2】に書かれているのが「2アウトの場合で、走者が前位の走者に先じたときに勝ち越し点にあたる走者が本塁に達していなければ、試合は終了せず、追い越すまでの得点だけが認められる」。もし、三塁走者がホームに達していなければ、無得点になっていたのです。

なお、新庄選手の記録はシングルヒットで打点1。かりに2点ビハインドであれば、サヨナラ満塁ホームランのはずが、1点及ばなかったということになります。

A 2

出題元となった試合をPLAYBACK

［パ・リーグ公式戦］

ダイエー　12-13 日本ハム

（2004年9月20日　札幌ドーム）

勝 河本1勝1敗　敗 三瀬4勝3敗28S　本 小笠原17、18号、井口23号、本間2号、新庄22号、宮地2号、ズレータ35号

野球を「魅せた」ヒーローの一打

プロ野球選手会による史上初のストライキ明け、最初の試合。壮絶な打撃戦を締めくくるはずのサヨナラ満塁弾は、走者追い越しにより「単打、打点1」に。それでも喜び爆発の打者・新庄。お立ち台で「今日のヒーローはみんなです!」と叫んだ。

TEAM	1	2	3	4	5	6	7	8	9	計
ダイエー	2	0	6	0	0	0	2	2	0	12
日本ハム	2	0	2	1	0	4	0	0	4x	13

［9回裏］
2死満塁、新庄選手の打席

Q2

同点でサヨナラ満塁ホームランも、打者走者が一塁走者を追い越したときの判定は？

解説 今回の答えの根拠となった野球規則

7.08　次の場合、走者はアウトとなる。
(h)後位の走者がアウトとなっていない前位の走者に先んじた場合。(後位の走者がアウトとなる)
［注1］ボールインプレイ中に起きた行為(例えば、悪送球、ホームランまたは柵外に出たフェアヒットなど)の結果、走者に安全進塁権が認められた場合にも、本項は適用される。

［注2］この項は、走者の位置が入れ代わったときに、後位の走者をアウトにすることを意味する。例えば二塁の走者を甲、一塁の走者を乙とすれば一塁走者乙が二塁走者甲を追い越したときはもちろん逆走の際など、二塁走者甲が一塁走者乙を追い越す形をとって、本来本塁から遠くにあるべき乙と近くにあるべき甲との位置が入れ代わった場合でも**常に後位の乙がアウトになることを規定している。**

4.11　正式試合においては試合終了時の両チームの総得点をもって、その試合の勝敗を決する。

(c)ホームチームの9回裏または延長回の裏の攻撃中に、勝ち越し点にあたる走者が得点すれば、そのときに試合は終了して、ホームチームの勝ちとなる。

［付記2］9回の裏または延長回の裏に、プレイングフィールドの外へ本塁打を打った打者が、前位の走者に先んじたためアウトになった場合は、塁上の全走者が得点するまで待たないで、勝ち越し点にあたる走者が得点したときに試合は終了する。ただし、2アウトの場合で、走者が前位の走者に先んじたときに勝ち越し点にあたる走者が本塁に達していなければ、試合は終了せず、追い越すまでの得点だけが認められる。

［注］9回の裏または延長回の裏、0アウトまたは1アウトで、打者がプレイングフィールドの外へ本塁打を打ったときに、ある走者が前位の走者に先んじたためにアウトになった場合は、打者に本塁打が認められ、試合は打者が本塁に触れたときに終了する。

QUESTION 3

打順を間違えた選手がヒットで出塁。次打者の投球前に守備側が打順の誤りをアピールした場合の判定は？

1回裏、先頭打者に入ったのはこの日は2番打者として登録されていた選手でした。しかし、攻撃側チームは気付かずにプレイを続行。ライト前ヒットを放ったあと、2番打者の投球前に守備側がアピールをしましたた。どのような判定になるでしょうか。

A 先頭打者のヒットはそのまま生きて、ノーアウト一塁で再開。

B 「打順の誤り」と判定され、1番打者はアウトになる。

C すべてノーカウントとなり、正規の1番打者からやり直す。

難易度

A 3

守備側のアピールが認められ、1アウト走者なしから再開される。

Q3

打順を間違えた選手がヒットで出塁。次打者の投球前に守備側が打順の誤りをアピールした場合の判定は？

2009年5月20日、大リーグのアストロズ対ブルワーズ戦で打撃順の誤りがありました。アストロズの松井稼頭央選手を2番で起用する予定が、相手チームに提出したオーダー表には「1番」と記していたのです。1回裏、1番打者のボーン選手（提出したオーダー表では2番打者）がライト前ヒットを打ったあと、ブルワーズのモッカ監督からアピールが入りました。公認野球規則6．07が適用され、ヒットは無効でアウト。1アウト走者なしで、再びボーン選手が打席に入ることになりました。

6．07を確認しましょう。まず（a）は「打撃順に記載されている打者が、その番のときに打たないで、番でない打者（不正位打者）が打撃を完了した（走者となるか、アウトとなった）後、相手方がこの誤りを発見してアピールすれば、**正位打者はアウトを宣告される。**ただし、不正位打者の打撃完了前ならば、正位打者は、不正位打者の得たストライクおよびボールのカウントを受け継いで、これに代わって打撃につくことはさしつかえない」

続いて、（b）に「不正位打者が打撃を完了したときに、守備側チームが投手の投球前に球審にアピールすれば、球審は（1）正位打者にアウトを宣告する」。さらに、（c）には「不正位打者が打撃を完了した後、投手の投球前にアピールがなかった場合には、不正位打者は正位打者として認められ、試合はそのまま続けられる」と記されています。

つまり、不正位打者の打撃完了後、投手が次打者へ1球でも投球すると、アピール権は消滅するのです。なお、「投手の投球」にはけん制も含まれます。カギはアピールのタイミングになるのです。

A 3

出題元となった試合をPLAYBACK

［ナ・リーグ公式戦］

ブルワーズ 4-6 アストロズ

（2009年5月20日　ミニッツメイド・パーク）

勝 W.ロドリゲス5勝2敗　敗 ガヤード4勝2敗　S サンプソン2S　本 キャメロン8号、テハダ3号

打席に立てず捕ゴロの先頭打者

大リーグ在籍中の松井稼が体験した珍事。初回は打席に立つことなく記録は「捕ゴロ」となった。結果的にチームは勝利し、クーパー監督をホッとさせた。なお、100年以上の歴史を持つ大リーグでは、なんと約80回も記録されているという。

TEAM	1	2	3	4	5	6	7	8	9	計
ブルワーズ	0	0	0	1	0	0	0	0	3	4
アストロズ	1	1	2	0	0	2	0	0	X	6

［1回裏］
先頭打者として打ったボーン選手のヒット後

解説　今回の答えの根拠となった野球規則

6.07　打撃順に誤りがあった場合。

（a）打順表に記載されている打者がその番のときに打たないで番でない打者（不正位打者）が打撃を完了した（走者となるか、アウトになった）後、相手方がこの誤りを発見してアピールすれば、正位打者はアウトを宣告される。ただし、不正位打者の打撃完了前ならば、正位打者は、不正位打者の得たストライク及びボールのカウントを受け継いで、これに代わって打撃につくことはさしつかえない。

（b）不正位打者が打撃を完了したときに、守備側チームが"投手の投球"前に球審にアピールすれば、球審は、

（1）正位打者にアウトを宣告する。

（2）不正位打者の打球によるものか、または不正位打者が安打、失策、四死球、その他で一塁に進んだことに起因した、すべての進塁及び得点を無効とする。

［付記］走者、が不正位打者の打撃中に盗塁、ボーク、暴投、捕逸などで進塁することは正規の進塁とみなされる。

［注1］本条（b）（c）（d）項でいう、"投手の投球"とは、投手が次に面した打者（いずれのチームの打者かを問わない）へ1球を投じた場合はもちろん、たとえ投球しなくても、その前にプレイをしたり、プレイを企てた場合も含まれる。ただし、アピールのための送球などは、ここでいう"プレイ"に含まれない。

［注2］不正位打者の打球によるものか不正位打者が一塁に進んだことに起因した、すべての進塁及び得点を無効とするとあるが、進塁だけに限らず、不正位打者の打撃行為によるすべてのプレイを無効とする。すなわち、不正位打者の二ゴロで一塁走者が二塁でフォースアウトにされた後、アピールによって正位打者がアウトの宣告を受ければ、一塁走者のフォースアウトは取り消される。

（c）不正位打者が打撃を完了した後、"投手の投球"前にアピールがなかった場合には、不正位打者は正位打者として認められ、試合はそのまま続けられる。

（d）

（1）正位打者が打撃順の誤りを発見されてアウトの宣告を受けた場合には、その正位打者の次の打順の打者が正規の次打者となる。

（2）不正位打者が"投手の投球"前にアピールがなかったために、正位打者と認められた場合には、この正位化された不正位打者の次に位置する打者が正規の次打者となる。不正位打者の打撃行為が正当化されれば、ただちに、打順はその正位化された不正位打者の次の打者に回ってくる。

［原注］審判員は、不正位打者がバッターボックスに立っても、何人にも注意を喚起してはならない。各チームの監督、プレーヤーの不断の注意があって初めて、本条の適用が可能となる。

QUESTION 4

指名打者に偵察メンバーを起用し、第1打席で代打を送る。これは認められる?

相手の先発投手が右か左かわからなかったため、監督は指名打者に登板予定のない投手を起用。いわゆる、偵察メンバーです。1打席目が回ってきたとき、当然のように代打を送ろうとしたところ、相手の監督からクレームが入りました。いけないことなのでしょうか?

A 指名打者への偵察メンバーは禁止。必ず1打席立たなければいけない。

B 何ら問題なく、代打を送ることができる。

C 指名打者に限らず、先発メンバー9人は必ず1打席立たなければいけない。

難易度

A 4

1982年の規則改正により、指名打者は1打席を完了しなければいけない。

Q4

指名打者に偵察メンバーを起用し、第1打席で代打を送る。これは認められる？

2011年5月20日に行われたセ・パ交流戦、オリックス対広島。広島の野村謙二郎監督は相手の先発投手を読めなかったため、「7番・指名打者」に今村猛投手を起用し、2回表1アウト一塁での第1打席で代打を送る準備をしました。ところが、オリックスの岡田彰布監督から「規則に違反しているのではないか？」とアピールが入ったのです。

指名打者制について記されている公認野球規則6.10（b）の（2）にはこう書かれています。「試合開始前に交換された打順に記載された指名打者は、相手チームの先発投手に対して、少なくとも1度は、打撃を完了しなければ交代できない。ただし、その先発投手が交代したときは、その必要はない」

指名打者に入った今村投手は、「少なくとも1度は、打撃を完了しなければ交代できない」に触れたわけです。もし、この時点で、オリックスの先発投手が交代していれば、今村投手に代打を送ることも可能でした。

試合後、野村監督は「完全なボーンヘッド」とコメントを残しています。続く、今村投手の第2打席では、石井琢朗選手を代打に送りました。

じつは、この規則は1982年に改正されたもので、指名打者制度が導入された当初は、第一打席であっても代打を送ることができたのです。大リーグでは1981年に改正され、日本のプロ野球もそれに準じて規則を定めたことになります。

A 4

出題元となった試合をPLAYBACK

[セ・パ交流戦]

広島 2-3 オリックス

(2011年5月20日　京セラドーム)

勝 木佐貫1勝3敗　敗 上野0勝1敗　S 岸田0勝1敗8S

DH制ではないセ監督の凡ミス

登板予定のない今村を偵察要員として指名打者に入れた広島・野村監督。最初の打席で代打を告げると、オリックス・岡田監督がすかさず抗議。今村は犠打をしっかり決めたが、野村監督は「僕の失敗。言い訳しようがない」と反省しきりだった。

[2回表]
1死一塁、今村選手の打席

TEAM	1	2	3	4	5	6	7	8	9	計
広島	0	0	0	0	0	1	0	1	0	2
オリックス	0	0	0	0	0	0	3	0	X	3

解説 今回の答えの根拠となった野球規則

6.10　リーグは、指名打者ルールを使用することができる。
(b)指名打者ルールは次のとおりである。
(2)試合開始前に交換された打順表に記載された指名打者は、相手チームの先発投手に対して、少なくとも1度は、打撃を完了しなければ交代できない。ただし、その先発投手が交代したときは、その必要はない。

Q4

指名打者に偵察メンバーを起用し、第1打席で代打を送る。これは認められる？

QUESTION 5

カウント2-2からのボールで、自ら一塁へ歩いた打者。判定はどうなる？

カウント2-2の並行カウントから、勝負球を見極めてボール。フルカウントのはずが、打者は四球と勘違いして、バットを置いて一塁へ。相手チームや審判は何も思わずに、そのままプレイ続行。そして、投手は次打者に1球投じました。この四球は認められるでしょうか？

A 次打者に1球投げた時点で四球が成立する。

B 次打者が打ったあとでも相手がアピールすれば、カウント3-2からやり直し。

C ペナルティとして、打者にアウトが宣告される。

難易度

A 5

勘違いであっても、次打者に1球投じた時点で四球となる。

Q5

カウント2-2からのボールで、自ら一塁へ歩いた打者。判定はどうなる？

2007年7月29日、ヤクルト対中日で起きたプレイです。3回裏、打者は青木宣親選手。2ボール2ストライクからボールを選んだあと、「四球」と思い込み、一塁へ向かってしまいました。球場のカウント表示が3ボール2ストライクとなっていたため、相手チームも審判も、信じてしまったのです。このように勘違いで一塁へ進んでしまった場合、判定はどうなるのでしょうか。

中日側から「まだ四球ではない」とアピールがあれば認められます。それ以前に球審や塁審が3ボール2ストライクであることに気づき、青木選手を打席に戻すこともできます。ただし、条件としては、次打者に1球投じる前でなければいけません。1球投げてしまえば、いかなる「勘違い」であっても、そのプレイは認められるのです。

まず、中日側のアピール権は監督にあります。公認野球規則9．02の（b）に「審判員の裁定が規則の適用を誤って下された疑いがあるときには、監督だけがその裁定を規則に基づく正しい裁定に訂正するように要請することができる」。そして【注2】には「審判員が、規則に反して裁定を下したにもかかわらず、アピールもなく、定められた期間が過ぎてしまったあとでは、たとえ審判員が、その誤りに気づいても、その裁定を訂正することはできない」と記されています。

では、この「定められた期間」とはいつでしょうか。この基準となるのが、7．10です。「本項規定のアピールは、投手が打者へ次の1球を投じるまで、または、たとえ投球しなくてもその前にプレイをしたりプレイを企てるまでに行わなければならない」。プレイにはけん制も含まれます。

A 5

出題元となった試合をPLAYBACK

［セ・リーグ公式戦］

中日 2-1 ヤクルト

（2007年7月29日　神宮球場）

勝 中田8勝5敗　敗 館山3勝7敗　本 堂上剛1号

電光掲示のミスから生まれた四球

1ボール2ストライクの時点で、球場の電光掲示が2-2となっており、そのまま進んでしまったのが原因で起きた、3ボールでの四球。森球審は「すべて僕の責任です」とコメント。試合は6回降雨コールドゲームで、5回3安打の中日・中田が勝利投手となった。

TEAM	1	2	3	4	5	6	7	8	9	計
中日	1	1	0	0	0	0				2
ヤクルト	1	0	0	0	0	0x				1

※6回裏無死無走者
降雨コールドゲーム

［3回裏］
先頭打者、青木選手の打席

Q5
カウント2-2からのボールで、自ら一塁へ歩いた打者。判定はどうなる？

解説 今回の答えの根拠となった野球規則

9.02　審判員の裁定

（b）審判員の裁定が規則の適用を誤って下された疑いがあるときには、監督だけがその裁定を規則に基づく正しい裁定に訂正するように要請することができる。しかし、監督はこのような裁定を下した審判員に対してだけアピールする（規則適用の訂正の申し出る）ことが許される。

［注1］イニングの表または裏が終わったときは、投手および内野手がフェア地域を去るまでにアピールしなければならない。

［注2］審判員が、規則に反した裁定を下したにもかかわらず、アピールもなく、定められた期間が過ぎてしまったあとでは、たとえ審判員が、その誤りに気づいても、その裁定を訂正することはできない。

7.10　次の場合、アピールすれば、走者はアウトとなる。

アピール権消滅の基準

本項規程のアピールは、投手が打者への次の1球を投じるまで、または、たとえ投球しなくてもその前にプレイをしたりプレイを企てるまでに行わなければならない。イニングの表または裏が終わったときのアピールは、守備側チームのプレーヤーが競技場を去るまでに行わなければならない。アピールは、その消滅の基準となるプレイまたはプレイの企てとはみなされない。投手がアピールのために塁に送球し、スタンドの中などボールデッドの箇所にボールを投げ込んだ場合には、同一走者に対して、同一塁についてのアピールを再びすることは許されない。第3アウトが成立した後、他にアピールがあり審判員がそのアピールを支持した場合には、そのアピールアウトがそのイニングにおける第3アウトとなる。また、第3アウトがアピールによって成立した後でも、守備側チームは、このアウトより他に有利なアピールプレイあればその有利となるアピールアウトを選んで、先の第3アウトと置き換えることができる。

“守備側チームのプレーヤーが競技場を去る”とあるのは、投手及び内野手がベンチまたはクラブハウスに向かうためにフェア地域を離れたことを意味する（ファウルラインを基準とする）。

QUESTION 6

無死走者二塁で投手前に送りバントを決めるも、片足がバッターボックスの外に出ていた。判定はどうなる？

投手前にきれいな送りバントが決まり、1アウト二塁のチャンスとなりました。しかし、球審はバッターボックスをジッと見ています。左打者の左足が完全にバッターボックスの外に出ていたのを、見逃していなかったのです。このバントは成立するのでしょうか？

難易度

A 片足なら問題ない。1アウト二塁でプレイ再開となる。

B ノーカウントでやり直しとなる。

C 打者にアウトが宣告され、1アウト一塁でプレイ再開となる。

A 6

片足であっても
バッターボックスの外に
完全に出ていれば反則打球

Q6

無死走者一塁で投手前に送りバントを決めるも、片足がバッタースボックスの外に出ていた。判定はどうなる？

公認野球規則6．06に「次の場合、打者は反則行為でアウトになる」の項があります。そのひとつである（a）に、「打者が片足または両足を完全にバッタースボックスの外に置いて打った場合」。【原注】には「本項は、打者がバッタースボックスの外に出てバットにボールを当てた（フェアかファウルかを問わない）とき、アウトを宣告されることを述べている」と記されているのです。

ここでのポイントは、**「完全に」**という箇所にあります。つまり、カカトからつま先までがバッタースボックスの外に出ていることが条件。土踏まずからつま先までが出ていたとしても、カカトがバッタースボックスのライン上にあれば、正規のバントとして認められるのです。

さらに、（フェアかファウルかを問わない）も見落としやすいポイントになります。たとえ、ファウルであっても反則行為としてアウトになるわけです。バントの際、球審は打者の足の位置を見逃さないようにしています。

2013年4月18日の楽天対ソフトバンクで、ソフトバンクの本多雄一選手が反則行為を取られてしまいました。投手前に送りバントを決めるも、左足がバッタースボックスの外に出ていたのです。じつは、本多選手はこれまでに2度、バントでの反則行為を宣告されています。

なお、公認野球規則には「外に置いて打った場合」とあります。なかなかありえないことですが、ホームベース上の空間に片足がある状態でバントを決めた場合はどうなるでしょうか。「置いて打った場合」とはならないので、このバントは成立します。

A 6

出題元となった試合をPLAYBACK

［パ・リーグ公式戦］

ソフトバンク 2-9 楽天

（2013年4月18日　Kスタ宮城）

勝 美馬2勝1敗　敗 東浜0勝1敗　本 ジョーンズ3号、ラヘア4号

反則打球で先制のチャンスを潰す

初回、先頭の長谷川が内野安打で出塁して作ったチャンスを、反則アウトで潰したソフトバンク。1死一塁となったところで内川の二塁打が出るなど、かみ合わない攻撃で無得点。初回に先制点を奪った楽天が、ジョーンズの3ランなどで大勝した。

［1回表］
無死一塁、本多選手の打席

TEAM	1	2	3	4	5	6	7	8	9	計
ソフトバンク	0	0	0	0	0	0	0	2	0	2
楽天	1	5	0	0	0	0	2	1	X	9

解説 今回の答えの根拠となった野球規則

6.06　次の場合、打者は反則行為でアウトになる。
(a)打者が片足または両足を完全にバッターボックスの外に置いて打った場合。

［原注］本項は打者がバッターボックスの外に出て**バットにボールを当てた（フェアかファウルかを問わない）とき**、アウトを宣告されることを述べている。球審は故意四球が企てられているとき、投球を打とうとする打者の足の位置に特に注意を払わなければならない。打者はバッターボックスから飛び出したり、踏み出して投球を打つことは許されない。

Q6

無死走者一塁で投手前に送りバントを決めるも、片足がバッターボックスの外に出ていた。判定はどうなる？

折れたバットから「コルク」が発見された場合、バットを所持していた打者はどうなる？

ストレートのスピードに押されて、バットが折れてのセカンドゴロ。この折れたバットから、何と「コルク」が発見されたのです。コルクを含んだバットの使用は、「違法バット」として禁じられています。審判団は、打者に対してどのような判定をくだしたでしょうか。

A 打者は反則行為でアウト、即刻退場！後日、出場停止処分が科せられる。

B 次打席以降、正規のバットに持ち替えて打てば問題ない。

C 違法バットを持っていたため、ノーカウント。打ち直しとなる。

難易度

A 7

違法バットのため
審判団は退場を命じる。
後日、処分が下される。

Q07

折れたバットから「コルク」が発見された場合、バットを所持していた打者はどうなる？

2003年6月3日、大リーグのカブス対デビルレイズ戦で起きた事件です。カブスのサミー・ソーサ選手がセカンドゴロを打ったとき、バットが折れてしまいました。そして、折れたバットの中からコルクが見つかったのです。球審から退場処分を受け、その後さらにリーグ会長から7試合の出場停止処分が下されました。

バットについて、公認野球規則にこのように記されています。1．10（a）「バットはなめらかな円い棒であり、太さはその最も太い部分の直径が2．61インチ（6．6センチ）以下、長さは42インチ（106．7センチ）以下であることが必要である。バットは1本の木材で作られるべきである」

そして、重要なのが6．06（d）「次の場合、打者は反則行為でアウトになる」の項です。「打者が、いかなる方法であろうとも、ボールの飛距離を伸ばしたり、異常な反発力を生じさせるように改造、加工したと審判員が判断するバットを使用したり、使用しようとした場合。このようなバットには、詰めものをしたり、表面を平らにしたり、釘を打ちつけたり、中をうつろにしたり、溝をつけたり、パラフィン、ワックスなどでおおって、ボールの飛距離を伸ばしたり、異常な反発力を生じさせるようにしたものが含まれる。打者がこのようなバットを使用したために起きた進塁は認められないが、アウトは認められる。打者はアウトを宣告され、試合から除かれ、後日リーグ会長によってペナルティが科せられる」。コルクバットは、「異常な反発力を生じさせるように改造」に該当していたのです。

A 7

出題元となった試合をPLAYBACK

［インターリーグ］

デビルレイズ 2-3 カブス

（2003年6月3日　リグレーフィールド）

勝 レムリンガー4勝0敗　敗 レバイン2勝2敗

全米に衝撃走るコルクバット事件

不振のスター選手が起こしてしまった大事件。折れたバットを見たマクリーランド球審は、芯に詰められたコルクを発見。塁審を呼んで協議し、打者・ソーサを退場、走者を各塁に戻した。ソーサは「練習用のバットだった」と釈明した。

TEAM	1	2	3	4	5	6	7	8	9	計
デビルレイズ	0	2	0	0	0	0	0	0	0	2
カブス	0	0	0	0	0	1	0	1	1x	3

［1回裏］
1死二、三塁、ソーサ選手の打席

Q7

折れたバットから「コルク」が発見された場合、バットを所持していた打者はどうなる？

解説 今回の答えの根拠となった野球規則

1.10　バット

（a）バットはなめらかな円い棒であり、太さはその最も太い部分の直径が2.61インチ（6.6センチ）以下、長さは42インチ（106.7センチ）以下であることが必要である。バットは1本の木材でつくられるべきである。

［付記］接合バットまたは試作中のバットは、製造業者がその製造の意図と方法について、規則委員会の承認を得るまで、プロフェッショナル野球（公式試合および非公式試合）では使用できない。

6.06　次の場合、打者は反則行為でアウトになる。

（d）打者が、いかなる方法であろうとも、ボールの飛距離を伸ばしたり、異常な反発力を生じさせるように改造、加工したと審判員が判断するバットを使用したり、使用しようとした場合。

このようなバットには、詰め物をしたり、表面を平らにしたり、釘を打ち付けたり、中をうつろにしたり、溝を付けたり、パラフィン、ワックスなどでおおって、ボールの飛距離を伸ばしたり、異常な反発力を生じさせるようにしたものが含まれる。打者がこのようなバットを使用したために起きた進塁は認められないが、アウトは認められる。打者はアウトを宣告され、試合から除かれ、後日リーグ会長によってペナルティが科される。

［原注］打者がこのようなバットを持ってバッタースボックスに入れば、打者は規則違反のバットを使用した、あるいは使用しようとしたとみなされる。

COLUMN 1

アンパイアの語源

審判員のことを英語で「アンパイア（umpire）」と言いますが、この語源をご存じでしょうか？

Pireには古期フランス語で「友達」という意味があります。ここにumという否定語が付くと、「友達ではない」「対等ではない人」「裁定者」という意味合いになるのです。

1800年半ば頃、いまにつながる野球がアメリカで始まったときは、市長や牧師など地位の高い人がアンパイアを務めていました。地元の名士でなければ、難しい判定があったときに、両チームの選手が納得しないという事情があったのでしょう。

また、審判員を示す用語として、本塁は「球審」、一塁から三塁は「塁審」、外野は「線審」と呼ばれますが、ときに「主審」という表現も耳にします。では、主審とはどの塁の審判を指すのでしょうか。

一般的に、球審＝主審と思われていますが、これは間違いで、主審＝責任審判員を指します。プロ野球は基本的に5人が1クールとなり、1試合を任されるシステムを取っています。主審とは、この5人の中にいるその日の責任審判を指すのです。責任審判は試合によって代わっていきます。

これを機に審判員に対する用語も覚えておいてください。

投球編

PITCHING

QUESTION 8

投球が鳩に直撃し、捕手にまで届かなかった。判定は？

投手が投げた球が、何とバッテリー間をたまたま横切った鳩に直撃し、捕手に届かず。鳩はそのまま命を落としてしまいました…。めったに見られないプレイですが、この場合の判定はどのようになるでしょうか。ボール？　あるいはノーカウント？退場？

A ノーカウントでやり直し。

B ストライクゾーンに行かなかったため、ボールとなる。

C 退場。

難易度

A 8

ボールデッドとなり、ノーカウントでやり直しとなる。

Q8

投球が鳩に直撃し、捕手にまで届かなかった。判定は？

2001年3月24日、大リーグのスプリングトレーニング中に起きたアクシデントです。ダイヤモンドバックス対ジャイアンツ、マウンドには大リーグを代表する左腕、ランディ・ジョンソン投手が上っていました。

7回、マレイ選手への投球時に悲劇が起こりました。バッテリー間を横切った鳩に、ジョンソン投手の剛速球が直撃。鳩はホームプレート近くに落下、命を落としてしまったのです。

なかなか、目にする機会がないアクシデントですが、このような場合、判定はどうなるでしょうか。

公認野球規則7．05（a）【注1】に次のように書いています。

「また、投球が鳥に触れた場合は、ボールデッドとしてカウントしない」

つまり、ノーカウントとなり、投球のやり直しとなります。公認野球規則は、鳥に当たることまで想定していることに驚きますね。

では、打球が鳥に当たった場合はどうなるでしょうか。

「送球またはインフライトの打球が、鳥に触れた場合は、ボールインプレイでありインフライトの状態は続く。しかし、プレイングフィールド上（地上）の鳥または動物に触れた場合は、ボールインプレイであるが、インフライトの状態でなくなる」

インフライトとはフライのことです。ボールが空中で鳥に当たり、方向が変わったとしても、地上にボールが着く前に捕球すればアウトになります。

A 8

出題元となった試合をPLAYBACK

［メジャーリーグオープン戦］

ダイヤモンドバックス - ジャイアンツ

（2001年3月24日）

春先のスタジアムで起こった悲劇

春のオープン戦、快調に投げていたジョンソンがいつも通りに投球したところ、三塁側から飛んできた鳩が球の軌道に入って激突。ジョンソンは直後に2点を失った。試合後は「気分がいいわけないだろう」とコメントを残した。

解説 今回の答えの根拠となった野球規則

7.05　次の場合、各走者（打者走者を含む）は、アウトにされるおそれなく進塁することができる。

（a）本塁が与えられ得点が記録される場合――フェアボールがインフライトの状態でプレイングフィールドの外へ出て、しかも、各走者が正規に各塁に触れた場合。また、フェアボールがインフライトの状態で、明らかにプレイングフィールドの外へ出ただろうと審判員が判断したとき、野手がグラブ、帽子、その他着衣の一部を投げつけて、その進路を変えた場合。

［注1］フェアの打球がインフライトの状態で、明らかにプレイングフィールドの外へ出ただろうと審判員が判断したとき、観衆や鳥などに触れた場合には、本塁が与えられる。送球またはインフライトの打球が、鳥に触れた場合は、ボールインプレイでありインフライトの状態は続く。しかし、プレイングフィールド上（地上）の鳥または動物に触れた場合は、ボールインプレイであるが、インフライトの状態でなくなる。また、投球が鳥に触れた場合は、ボールデッドとしてカウントしない。犬などがフェアの打球、送球または投球をくわえたりした場合には、ボールデッドとして審判員の判断によって処理する。

［注2］“その進路を変えた場合”とあるが、インフライトの状態で、明らかにプレイングフィールドの外へ出たであろうと審判員は判断したフェアの打球が、野手の投げつけたグラブなどに触れて、グラウンド内に落ちたときでも、本項が適用される。

QUESTION 9

投球後、帽子から冷凍キャベツが落ちてきた。まさかの事態、ルール上はどうなる？

投球後に落ちた帽子から、一緒にモノが落ちた…？　よく見ると冷凍キャベツ。暑さを和らげるために頭の上に乗せていたそうです。この日は球審から注意や処分はありませんでしたが、試合後に相手から「ルール違反では？」とクレームが入りました。ルール上、ＯＫでしょうか？

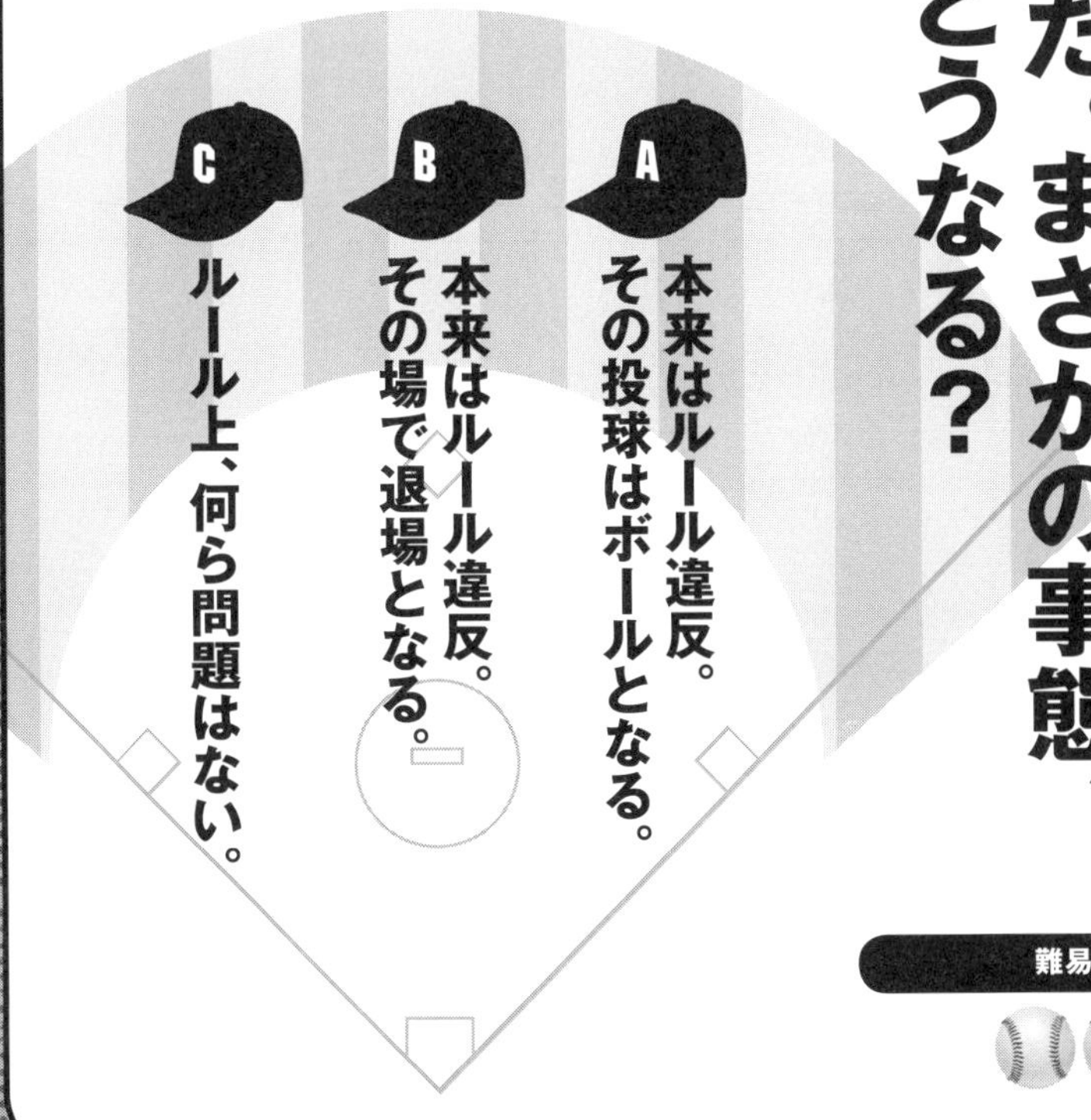

A 本来はルール違反。その投球はボールとなる。

B 本来はルール違反。その場で退場となる。

C ルール上、何ら問題はない。

難易度

A 9

本来はルール違反。
※協議によって、今後は退場となることが確認された。

※韓国野球委員会(KBO)の見解

Q9

投球後、帽子から冷凍キャベツが落ちてきた。まさかの事態、ルール上はどうなる？

韓国プロ野球で実際に起こったことです。2005年6月19日、斗山《トゥサン》の朴明桓《パクミョンファン》投手が帽子の中に冷凍キャベツを入れていました。信じられない話ですが、実話です。試合中、帽子が2度落ちたとき、この冷凍キャベツも一緒に落ちてしまいました。ただ、球審が注意することなく、試合は進み、朴投手は7回無失点の好投でシーズン9勝目。暑さをしのぐために、頭の上に冷凍キャベツを乗せていたようです。

試合後、相手チームから「ルール違反ではないか」とクレームが入りました。後日、韓国野球委員会（KBO）は規則委員会を開き、「投手が異物を身に付けたり持っていれば、ただちに退場させる」と記されている公認野球規則8．02（b）項に当たると発表したのです。

正しくはこう書かれています。

「投手がいかなる異物でも、身体につけたり、所持すること。本項に違反した投手はただちに試合から除かれる。さらに、その投手は自動的に出場停止となる。マイナーリーグでは、自動的に10試合の出場停止となる」。【注】として「アマチュア野球では、1度警告を発した後、なおこのような行為が継続されたときには、その投手を試合から除く」

ただ、KBO側はこんなコメントもしています。

「常識的には、頭にかぶったキャベツが投球に影響を与えるとは思えないが、論難になっただけに、この機に異物の範囲を規定してみようという趣旨」。ルール上でも想定外のキャベツ投法でした。

A 9

出題元となった試合をPLAYBACK

［韓国プロ野球公式戦］

ハンファ 2-4 斗山

（2005年6月19日　蚕室球場）

冷凍キャベツは暑さ対策だった！

韓国の首都・ソウルでの公式戦。斗山のエース・朴は、冷凍キャベツを頭に乗せるという、韓国では昔からある暑さ対策をして登板。キャベツが落ちる度、スタンドは大爆笑に包まれたが、朴は7回無失点で勝利投手となった。

解説 今回の答えの根拠となった野球規則

8.02　投手は次のことを禁じられる。
(b) 投手がいかなる異物でも、身体につけたり、所持すること。

　本項に違反した投手はただちに試合から除かれる。さらに、その投手は自動的に出場停止となる。マイナーリーグでは、自動的に10試合の出場停止となる。

［注］アマチュア野球では、1度警告を発した後、なおこのような行為が継続されたときには、その投手を試合から除く。

QUESTION 10

ボークが宣告された投球を打ってライトフライ。これは打ち直しになる？

2アウト一塁でライトフライ。チェンジかと思ったところ、球審が「ボーク」のジェスチャーをしています。ライトフライとボークのどちらが優先されるでしょうか。ライトフライであればチェンジ？　ボークであれば、2アウト二塁で打ち直しになるのでしょうか？

A 打ってしまったのでライトフライでアウト。

B 打者はアウト。走者がいた場合はボークのため1つ進塁。

C 打者は打ち直し。走者がいた場合はボークのため1つ進塁。

難易度

打者アウトになった場合は
ボークが優先される。

Q10

ボークが宣告された投球を打ってライトフライ。これは打ち直しになる？

ボークが宣告されたことに気付かず、投手がホームに投げてしまうシーンを時折見かけます。では、この投球を打者が打ったらどうなるでしょうか？

1998年7月15日、横浜対巨人の一戦でこのようなプレイがありました。8回裏、2点差に追い上げた横浜の攻撃は2アウト一塁で佐伯貴弘選手。マウンドには抑えの切り札の槙原寛己投手があがっていました。2球目を打った佐伯選手の当たりはライトへのフライ。ライトの高橋由伸選手が捕球し、3アウトチェンジとなるはずでしたが、球審がボークのジェスチャーをしていたのです。

ライトフライとボークのどちらが優先されるでしょうか。根拠となるルールが、公認野球規則8.05「ペナルティ」の項に書いてあります。

「本条各項によってボークが宣告されたときは、ボールデッドとなり、各走者は、アウトにされるおそれなく、1個の塁が与えられる。

ただし、ボークにもかかわらず、打者が安打、失策、四球、死球、その他で一塁に達し、かつ、他のすべての走者が少なくとも1個の塁を進んだときには、本項前段を適用しないで、プレイはボークと関係なく続けられる」

ライトフライだった佐伯選手は、打ち直しになるということです。このあと2アウト一塁で再開し、佐伯選手はライトスタンドへ同点2ランを放ちました。もし、ボークをおかしたときにライト前ヒットであれば、ヒットはそのまま生きるため、打ち直しのホームランはなかったことになるのです。

出題元となった試合をPLAYBACK

［セ・リーグ公式戦］

巨人 12-13 横浜

（1998年7月15日　横浜スタジアム）

勝 五十嵐3勝1敗　敗 槙原5勝3敗3S　本 清原14号、松井20号、高橋11号、鈴木尚11号、佐伯6号

起死回生の打ち直し同点2ラン！

前夜にサヨナラ勝ちした横浜は、2点リードされての8回裏2死。3アウトチェンジとなるライトフライが取り消しとなり、打席に戻った佐伯が同点2ラン。9回裏、波留のサヨナラ打で勝利した。この年、リーグ優勝、日本一となる横浜には勢いがあった。

TEAM	1	2	3	4	5	6	7	8	9	計
巨人	4	0	3	0	0	0	2	3	0	12
横浜	0	0	1	5	0	0	3	3	1x	13

［8回裏］
2死一塁、佐伯選手の打席

ボークが宣告された投球を打ってライトフライ。これは打ち直しになる？

解説 今回の答えの根拠となった野球規則

8.05　塁に走者がいるときは、次の場合ボークとなる。
［ペナルティ］本条各項によってボークが宣告されたときは、ボールデッドとなり、各走者は、アウトにされるおそれなく、1個の塁が与えられる。
ただし、ボークにもかかわらず、打者が安打、失策、四球、死球その他で一塁に達し、かつ、他のすべての走者が少なくとも1個の塁を進んだときには、本項前段を適用しないで、プレイはボークと関係なく続けられる。

［付記1］投手がボークをして、しかも塁または本塁に悪送球（投球を含む）した場合、塁上の走者はボークによって与えられる塁よりもさらに余分の塁へアウトを賭して進塁してもよい。

［付記2］本条ペナルティを適用するに際して、走者が進塁しようとする最初の塁を空過し、アピールによってアウトを宣告されても、1個の塁を進んだものと解する。

［8.05原注］ボークルールの目的は、投手が走者を意図的に騙そうとするのを防ぐためであることを、審判員は心に銘記しなくてはならない。もし、審判員の判断で“投手の意図”に疑いを抱いたら、審判員は厳重に規則を適用すべきである。

［注］本項［付記1］の“悪送球”には投手の悪送球だけでなく、投手からの送球を止め損じた野手のミスプレイも含まれる。走者が、投手の悪送球または野手のミスプレイによって余塁が奪えそうな状態となり、ボークによって与えられる塁を越えて余分に進もうとしたときには、ボークと関係なくプレイは続けられる。

マウンド上で指をなめた投手に対して、球審が何かを宣告した。ルール上、どんな判定がくだされる？

マウンド上で利き手の指先をペロッとなめた投手。その瞬間、球審が何かを宣告しました。投手がマウンド上で指をなめる行為そのものがいけないことなのでしょうか？　マウンドを下りていれば問題なし？　まさかの退場処分？　判定はどうなるでしょうか。

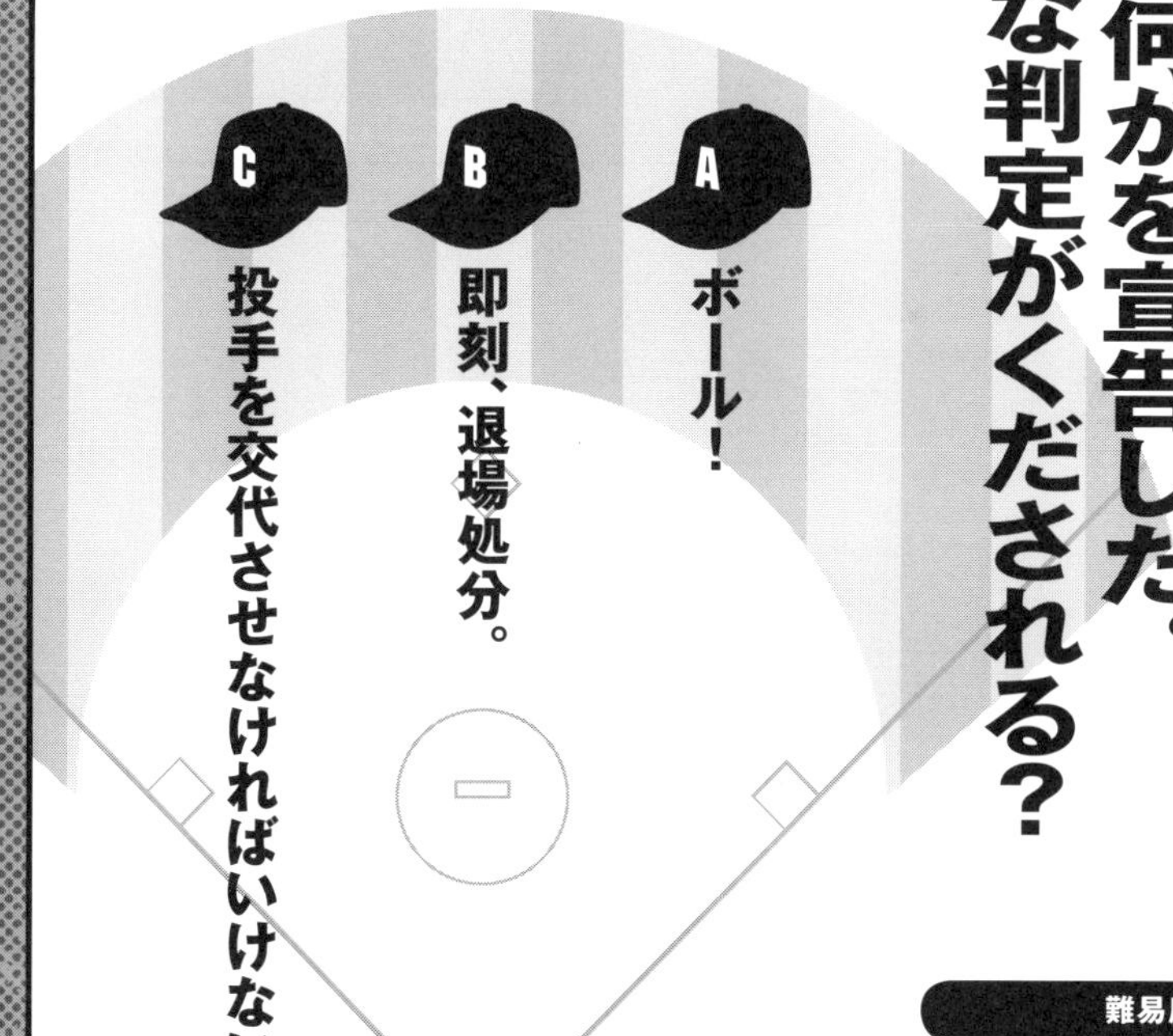

A　ボール！

B　即刻、退場処分。

C　投手を交代させなければいけない。

難易度　⚾⚾

A 11

マウンド上で
指をなめると
ボールが宣告される。

Q11

マウンド上で指をなめた投手に対して、球審が何かを宣告した。ルール上、どんな判定がくだされる？

2006年に行われた第1回WBCで実際に目にした判定です。第2ラウンド、日本対アメリカ戦の6回裏、マウンドにはロッテの清水直行投手があがっていました。無意識だったのかはわかりませんが、マウンド上で利き手の指先をなめてしまったのです。すると、球審がすぐに「ボール！」の判定を下しました。まだ、投球していないのに「ボール！」とはどういうことでしょうか。

根拠となるのは公認野球規則8．02「投手は次のことを禁じられる」の（a）（1）です。具体的に禁じられる行為が書かれています。

「投手が投手板を囲む18フィートの円い場所の中で、投球する手を口または唇につけた後にボールに触れるか、投手板に触れているときに投球する手を口または唇につけること。

投手は、ボールまたは投手板に触れる前に、投球する手の指をきれいに拭かなければならない」

そして、この規則に違反した場合の「ペナルティ」も記されています。

「投手が本項に違反した場合には、球審はただちにボールを宣告する。その宣告にもかかわらず、投手が投球して、打者が安打、失策、死球、その他で一塁に達し、かつ走者が次塁に達するか、または元の塁にとどまっていた（次塁に達するまでにアウトにならなかった）ときには、本項の違反とは関係なくプレイは続けられる。なお、違反をくり返した投手は、リーグ会長から罰金が科せられる」

清水投手への「ボール」の宣告は、8．02（a）（1）に則ったものだったのです。ルール上は、マウンドの外で指をなめる分には問題はありません。

A 11

出題元となった試合をPLAYBACK

［第1回WBC第2ラウンド］

日本 3-4 アメリカ

（2006年3月12日　エンゼル・スタジアム）

勝 リッジ1勝　敗 藤川1敗　本 イチロー1号、C.ジョーンズ2号、リー3号

不可解な判定が続いた敵地の試合

世界一を決める国際大会の第2ラウンド。日本はイチローの先頭打者アーチで先制するも、最後はサヨナラ負け。反則投球を宣告された清水のほか、8回表、犠飛でのタッチアップから1点が不可解な判定で取り消されるなど、アウェーの洗礼を受けた。

TEAM	1	2	3	4	5	6	7	8	9	計
日本	1	2	0	0	0	0	0	0	0	3
アメリカ	0	1	0	0	0	2	0	0	1x	4

［6回裏］
清水投手の投球時

解説 今回の答えの根拠となった野球規則

8.02　投手は次のことを禁じられる。
(a)(1)投手が投手板を囲む18フィートの円い場所の中で、投球する手を口または唇につけた後にボールに触れるか、投手板に触れているときに投球する手を口または唇につけること。
投手は、ボールまたは投手板に触れる前に、投球する手の指をきれいに拭かなければならない。

［例外］天候が寒い日の試合開始前に、両チーム監督の同意があれば、審判員は、投手が手に息を吹きかけることを認めることができる。**（1983年より適用）**

［ペナルティ］投手が本項に違反した場合には、球審はただちにボールを宣告する。その宣告にもかかわらず、投手が投球して打者が安打、失策、死球、その他で一塁に達し、かつ走者が次塁に達するか、または元の塁にとどまっていた（次塁に達するまでにアウトにならなかった）ときには、本項の違反とは関係なくプレイは続けられる。なお、違反をくり返した投手は、リーグ会長から罰金が科せられる。

Q11

マウンド上で指をなめた投手に対して、球審が何かを宣告した。ルール上、どんな判定がくだされる？

QUESTION 12

走者なしの状況で、投手が捕手からの返球を受けてから15秒が経過。すると、球審が「ボール！」を宣告した。この根拠は何だろう？

捕手からの返球を受けたあと、ロジンをさわって、サイン交換をして、いざ投げようとしたときに、球審が「ボール！」を宣告しました。投手がボールを持ったところから、ある一定時間以内に投げなければ「ボール」となるルールがあるのです。次のうち正しいルールはどれでしょう。

A プロ野球において、「15秒ルール」がもうけられている。

B アマチュアでも「15秒ルール」がある。

C 走者がいるときも「15秒ルール」が適用される。

難易度

15秒ルール!
ボール!
うーん…
サインが
合わない。
えっ!?
くどう
47

※実際には2塁塁審が時計を保持して、計測し、球審に知らせる。

正解は
A

プロでは投手が15秒以上、球を保持していたら「ボール」となる。

※日本のプロ野球独自のルール

Q12

走者なしの状況で、投手が捕手からの返球を受けてから15秒が経過。するとと、球審が「ボール！」を宣告した。この根拠は何だろう？

公認野球規則8．04に根拠となるルールが書いてあります。

「塁に走者がいないとき、投手はボールを受けた後12秒以内に打者に投球しなければならない。投手がこの規則に違反して試合を長引かせた場合には、球審はボールを宣告する。12秒の計測は、投手がボールを所持し、打者がバッタースボックスに入り、投手に面したときから始まり、ボールが投手の手から離れたときに終わる」

アマチュアの試合では、「12秒以内」と定められています。じつは、2006年までは20秒以内でした（適用第1号は阪急ブレーブスの梶本隆夫投手）が、2007年から12秒以内に改正されました。日本のプロ野球のみ例外で、「15秒以内」です。プロ野球では2009年から採用され、当時は横浜ベイスターズでプレイしていた工藤公康投手が、このルールの適用第1号になっています。

2009年8月18日の巨人対横浜戦でした。7回裏、1アウト走者なしの場面で、1ボールからの2球目を投げようとしたところ、ストップウォッチで計測していた二塁塁審が球審にタイムオーバーを告げ、適用となりました。塁審が1球1球、時間をはかっているのです。

ただ、採用された当初は時間に敏感になっていましたが、現在はそこまで厳格に取られていないことがほとんどです。実際、タイムオーバーを告げて、ボールを宣告して、記録員にも説明…となると、この時間の長さのほうが試合進行に影響するという考えもあるのです。

A 12

出題元となった試合をPLAYBACK

［セ・リーグ公式戦］

横浜 3-10 巨人

（2009年8月18日　東京ドーム）

勝 ゴンザレス11勝1敗　敗 寺原2勝5敗　本 ラミレス19号、ジョンソン17、18号、円谷1号

ベテランがはまった15秒ルール

7対2と巨人がリードして迎えた7回裏、横浜のマウンドには球界最年長の46歳、工藤。谷への投球時、サインが合わず15秒を超え「ボール」を宣告された。適用第1号の工藤は苦笑い。なお、この1球は、投球数にカウントされなかった。

TEAM	1	2	3	4	5	6	7	8	9	計
横浜	0	0	0	0	1	0	1	0	1	3
巨人	5	1	0	0	0	1	0	3	X	10

［7回裏］
1死無走者、谷選手の打席

解説 今回の答えの根拠となった野球規則

8.04

　塁に走者がいないとき、投手はボールを受けた後12秒以内に打者に投球しなければならない。投手がこの規則に違反して試合を長引かせた場合には、球審はボールを宣告する。

　12秒の計測は、投手がボールを所持し、打者がバッタースボックスに入り、投手に面したときから始まり、ボールが投手の手から離れたときに終わる。

　この規則は無用な試合引き延ばしをやめさせ、試合をスピードアップするために定められたものである。したがって、審判員は次のことを強調し、それにもかかわらず、投手の明らかな引き延ばし行為があったときには、遅滞なく球審はボールを宣告する。

（1）投球を受けた捕手は、速やかに投手に返球すること。

（2）また、これを受けた投手は、ただちに投手板を踏んで、投球位置につくこと。

Q12

走者なしの状況で、投手が捕手からの返球を受けてから15秒が経過。すると、球審が「ボール！」を宣告した。この根拠は何だろう？

QUESTION 13

高校野球での出来事。同一選手が同一イニングに投手→外野手→投手→外野手とポジションチェンジ。これは認められる？

夏の県大会準決勝は、延長10回に突入。ノーアウト一塁の守りで、先発投手をレフトに回し、2番手投手をマウンドへ。1アウト二塁となったあと、再び先発投手をマウンドに戻し、2アウトを取ると、今度はまたレフトへ回しました。こういう交代は認められるのでしょうか？

A まったく問題ない。

B 認められない。

C 投手を2度したあと、ほかのポジションには移れない。

難易度

A 13

同一イニングでは認められない。

※実際のシーンでは「教育的配慮」として認めた。

実際に高校野球で起きた選手交代ですが、プロ野球でも認められていません。根拠となるのは、公認野球規則3．03の【原注】です。

「同一イニングでは、投手が一度ある守備位置についたら、再び投手となる以外他の守備位置に移ることができないし、投手に戻ってから投手以外の守備位置に移ることもできない」

問題となった試合は、2011年夏の広島県大会準決勝、新庄対崇徳でした。同点で迎えた延長10回、守備側の崇徳はノーアウト一塁となったところで先発投手をレフトに回し、二番手投手を送りました。1アウト二塁となったあと、再び先発がマウンドにあがると、次打者を抑え2アウト三塁。ここでまた先発をレフトに回す選手交代を告げたところ、ストップがかかりました。同一イニングに投手↓レフト↓投手↓レフトと守ることが、公認野球規則3．03に抵触しているという判断をくだされたのです。

まさにそのとおりなのですが、この試合では大きな問題がありました。崇徳がすでにベンチ入り20人の選手を使い切っていたのです。本来であれば、崇徳側ベンチがレフトへの守備位置変更を告げた瞬間、先発投手はベンチに下がらなければいけません。もう、野手として試合に出ることはできないわけです。ただし、20人を使い切っているため、代わりの選手はゼロ。没収試合となってしまいます。結局、79分の中断のすえ、広島県高野連が「教育的配慮」として、レフトに回ることを認めました。もし、プロ野球であれば没収試合になった可能性が高いでしょう。

Q13

高校野球での出来事。同一選手が同一イニングに投手↓外野手↓投手↓外野手とポジションチェンジ。これは認められる？

A 13

出題元となった試合をPLAYBACK

［高校野球・広島県大会準決勝］

新庄 5-4 崇徳

（2011年7月26日　マツダスタジアム）

新 甲田ー金井　崇 阪垣、松尾、阪垣ー中川、竹島

野球規則か教育的配慮か

熱戦の延長10回表。崇徳の先発・阪垣が投手→左翼手→投手→左翼手と交代するのを、新庄・迫田監督と大会本部が規則に反すると指摘。「教育的配慮」で没収試合とならなかったが、続投した阪垣が打たれ、崇徳は準決勝敗退となった。

TEAM	1	2	3	4	5	6	7	8	9	10	計
新庄	0	0	0	0	1	0	0	3	0	1	5
崇徳	0	0	0	0	0	0	3	0	1	0	4

［10回表］
2死三塁、投手交代の場面

解説 今回の答えの根拠となった野球規則

3.03

プレーヤーの交代は、試合中ボールデッドのときなら、いつでも許される。代わって出場したプレーヤーは、そのチームの打撃順に従って、退いたプレーヤーの順番を受け継いで打つ。いったん試合から退いたプレーヤーは、その試合には再び出場することはできないが、プレーヤー兼監督に限って、控えのプレーヤーと代わってラインアップから退いても、それ以後コーチスボックスに出て指揮することは許される。

守備側チームのプレーヤーが2人以上同時に代わって出場したときは、その代わって出場したプレーヤーが守備位置に着く前に、監督はただちにそのプレーヤーの打撃順を球審に示し、球審はこれを公式記録員に通告する。この通告がなかったときは、球審は、代わって出場したプレーヤーの打撃順を指定する権限を持つ。

［原注］同一イニングでは、投手が一度ある守備位置についたら、再び投手となる以外他の守備位置に移ることはできないし、投手に戻ってから投手以外の守備位置に移ることもできない。投手以外の負傷退場した野手に代わって出場したプレーヤーには、5球を限度としてウォームアップが許される。（投手については、8.03に規定がある）

［注］アマチュア野球では、試合から退いたプレーヤーが、ベースコーチとなることを認めることもある。

【高校野球特別規則】
投手→野手→野手→投手
投手→野手→野手

投手は同一イニングで二度目の投手に戻ればそれ以後に他の守備位置につくことはできません。
高校野球特別規則で認められるのは投手→野手→さらに野手の交代です。

高校野球での出来事。
同一選手が同一イニングに投手→外野手→投手→外野手とポジションチェンジ。
これは認められる？

COLUMN 2

同時はセーフ？

内野安打に対して、「あれは、同時だからセーフだよ」という野球ファンの声をよく聞きます。ファーストの捕球と打者走者の触塁が同時であれば、セーフになるという意味ですね。読者のみなさんも、野球を見ながら、口にしたことがあるかもしれません。

では、この根拠はどこにあるのでしょうか。公認野球規則のどこにも「同時はセーフ」とは書いていません。

しかし、6．05「打者は、次の場合、アウトになる」の（j）項に「打者が第3ストライクの宣告を受けた後、またはフェアボールを打った後、**一塁に触れる前に**、その身体または一塁に触球された場合」とあります。

これを読むと、論理的に「同時はセーフ」と導きだすことができるのです。

じつは1967年までは6．05（j）項の【注】に「（前略）打者が一塁に触れるのと同時または以降に野手が触球しても、打者はアウトにすることはできない」と記されていました。はっきりと「同時」という言葉が明記されていたのです。このあたりから「同時はセーフ」の考え方が広がっていったのかもしれません。

守備編

FIELDING

QUESTION 14

届かない打球に思わずグラブを投げて、打球を止めた内野手。このプレイは許される？

一、二塁間を抜けた当たりに対して、セカンドがグラブを投げつけて、打球を止めてしまいました。追いつけない打球を何とか止めようと思ったのでしょう。グラブに当てなくても、シングルヒットとなる打球・コースでしたが、このときの判定はどうなるでしょうか。

A グラブを投げて止めてもOK。インプレイで続く。

B 3つの安全進塁権が与えられ、試合はインプレイで続く。

C グラブが打球に当たった瞬間、ボールデッド。2つの安全進塁権が与えられる。

難易度 ⚾⚾⚾

A 14

投げたグラブがボールに当たった瞬間、3つの安全進塁権を与えられる。

めったに見られないシーンですが、2008年5月4日のロッテ対西武戦で実際に起きたプレイです。当事者はロッテのセカンド、ホセ・オーティズ選手。5回表、栗山巧選手が放った一、二塁間の打球に追いつけなかったオーティズ選手は、外野手のベニー・アグバヤニ選手が捕る前に、グラブを上から投げつけてしまいました。そして、そのグラブにボールが当たって止まりました。

公認野球規則7.05「次の場合、各走者（打者走者を含む）は、アウトにされるおそれなく進塁することができる」の（C）に以下のような記述があります。

「3個の塁が与えられる場合――野手が、グラブを故意に投げて、**フェアボールに触れさせた場合**。この際はボールインプレイであるから、打者はアウトを賭して本塁に進んでもよい」

オーティズ選手の行為は、ここに該当します。打者走者は三塁まで進むことは確定ですが、さらにチャンスがあれば、本塁を狙ってもいいと書かれています。**つまり、ボールデッドではなく、インプレイであるわけです。**

では、投げつけたグラブがボールに当たらなかった場合はどうなるでしょう。これは、7.05の【bcde原注】という項を見てみましょう。

「投げたグラブ、本来の位置から離した帽子、マスクその他が**ボールに触れなければ、このペナルティは適用されない**」

グラブに打球が当たるかどうかが、ペナルティ適用の基準となるわけです。

Q14

届かない打球に思わずグラブを投げて、打球を止めた内野手。
このプレイは許される？

届かない打球に思わずグラブを投げて、打球を止めた内野手。このプレイは許される？

出題元となった試合をPLAYBACK

［パ・リーグ公式戦］

西武 4-0 ロッテ

（2008年5月4日　千葉マリンスタジアム）

勝 帆足3勝0敗　敗 小林宏1勝5敗　本 G.G.佐藤8号、ボカチカ6号

ホームゲームで盛り上がるファンも呆然

ゴールデンウィーク中のホームゲーム。前日にドラフト1位ルーキー・唐川のプロ初勝利で勝率5割と持ち直したロッテだが、勢いに乗れず3安打完封負け。点差を広げたオーティズのプレーを、スポーツ紙は「まるで草野球」と酷評した。

［5回表］
先頭打者、栗山選手の打席

TEAM	1	2	3	4	5	6	7	8	9	計
西武	0	0	0	2	1	1	0	0	0	4
ロッテ	0	0	0	0	0	0	0	0	0	0

解説 今回の答えの根拠となった野球規則

7.05　次の場合、各走者（打者走者を含む）は、アウトにされるおそれなく進塁することができる。
（c）3個の塁が与えられる場合――野手が、グラブを故意に投げて、フェアボールに触れさせた場合。
この際はボールインプレイであるから、打者はアウトを賭して本塁に進んでもよい。

［注］ここにいうフェアボールとは、野手がすでに触れていたかどうかを問わない。

［bcde原注］投げたグラブ、本来の位置から離した帽子、マスクその他がボールに触れなければ、このペナルティは適用されない。

QUESTION 15

1アウト満塁で捕手がインフィールドフライを落としたあと、三塁走者より早く本塁を踏み、一塁へ送球。これで、併殺成立となる？

同点で迎えた9回裏1アウト満塁。ホームベース付近のフライに対して、球審がインフィールドフライを宣告しました。しかし、捕手が捕れずポトリ。捕手はボールを拾うと、本塁を踏みフォースアウト、打者をアウトにするため一塁へ送球。併殺成立となるでしょうか？

難易度

A インフィールドフライ宣告の瞬間、打者はアウト。本塁はフォースプレイではなく、タッグプレイとなるため、併殺にならない。

B フライを落としたため、打者はアウトにはならず生きる。本塁はフォースプレイのため、併殺成立。

C インフィールドフライ宣告の瞬間、三塁走者がアウトになるため、本来は本塁を踏む必要はない。

A 15

インフィールドフライ
=打者アウト。
本塁はタッグプレイとなる。

Q15

1アウト満塁で捕手がインフィールドフライを落としたあと、三塁走者より早く本塁を踏み、一塁へ送球。これで、併殺成立となる？

1991年6月5日、大洋対広島戦で今でも語り継がれるプレーが起きました。ある意味では、インフィールドフライの説明に用いるには最高のプレーともいえます。

2対2の同点で迎えた9回裏1死満塁で、大洋の清水義之選手がホームベース付近に高いフライを打ち上げました。そのフライを見て、球審がインフィールドフライを宣告しましたが、広島の達川光男捕手がこれを捕りきれず、打球はフェアゾーンに落ちたのです。落ちたのを見て、各塁の走者はスタート。達川捕手はすぐ近くにあった本塁を三塁走者よりも早く踏み、打者走者を刺すために一塁に送球しました。これで、併殺成立とはならずに…、三塁走者の山崎賢一選手が本塁を踏むと、球審が得点を認めたのです。なぜでしょうか？

公認野球規則6．05「打者は次の場合、アウトになる」の（e）項に「インフィールドフライが宣告された場合」と書かれています。つまり、インフィールドフライ＝打者はアウト。野手がフライを捕っても捕らなくても、アウトであることに変わりません。この場合、打った清水選手はすでにアウトになっているため、達川捕手が三塁走者をアウトにするためには山崎選手にタッグしなければいけなかったのです。なお、各塁の選手はあえて走る義務もありません。フライが落ちたのを見て、走ったわけですが、捕手にタッグされればゲッツーになっていたのです。ボーンヘッドになるところでした。

インフィールドフライについては、詳しくは公認野球規則2．40に書いています。次ページに全文を記しているので、確認してみてください。

A 15

出題元となった試合をPLAYBACK

［セ・リーグ公式戦］

広島 2-3 大洋

（1991年6月5日　横浜スタジアム）

勝 野村5勝2敗　敗 近藤1勝1敗1S　本 野村5号

首位を走るチームのボーンヘッド

首位を走る広島を本拠地で迎えた大洋。まさかのサヨナラ勝利で3連勝、広島に1ゲーム差と迫った。ルールを理解していた大洋の須藤豊監督は試合後、「あの場面、走者は危険を冒して走ってもいい。常に次の塁を狙えということ」とコメントした。

TEAM	1	2	3	4	5	6	7	8	9	計
広島	0	0	0	0	0	0	0	0	2	2
大洋	0	0	0	0	0	1	1	0	1x	3

［9回裏］
1死満塁、清水選手の打席

Q15

1アウト満塁で捕手がインフィールドフライを落としたあと、三塁走者より早く本塁を踏み、一塁へ送球。これで、併殺成立となる？

解説 今回の答えの根拠となった野球規則

6.05　打者は、次の場合、アウトになる。
（e）インフィールドフライが宣告された場合。

2.40『インフィールドフライ』
0アウトまたは1アウトで走者が一・二塁、一・二・三塁にあるとき、打者が打った飛球（ライナー及びバントを企てて飛球となったものを除く）で、内野手が普通の守備行為をすれば捕球できるものをいう。この場合、投手、捕手および外野手が、内野で前記の飛球に対して守備したときは、内野手と同様に扱う。審判員は、打球が明らかにインフィールドフライになると判断した場合には、走者が次の行動を容易にとれるように、ただちにインフィールドフライを宣告しなければならない。また、打球がベースラインの近くに上がった場合には“インフィールドフライ・イフ・フェア”を宣告する。インフィールドフライが宣告されてもボールインプレイであるから、走者は離塁しても進塁してもよいが、そのフライが捕らえられれば、リタッグの義務が生じ、これを果たさなかった場合には普通のフライの場合と同様、アウトにされる恐れがある。たとえ審判員の宣告があっても、打球がファウルボールとなれば、インフィールドフライとはならない。

［付記］インフィールドフライと宣告された打球が、最初に（何物にも触れないで）内野に落ちても、ファウルボールとなれば、インフィールドフライとはならない。また、この打球が、最初に（何物にも触れないで）ベースラインの外へ落ちても、結局フェアボールとなれば、インフィールドフライとなる。

「原注」審判員はインフィールドフライの規則を適用するにあたって、内野手が普通の守備行為をすれば捕球できるかどうかを基準とすべきであって、たとえば、芝生やベースラインなどを勝手に境界線として設定すべきではない。たとえ、フライが外野手によって処理されても、それは内野手によって容易に捕球されるはずだったと審判員が判断すれば、インフィールドフライとすべきである。インフィールドフライはアピールプレイであると考えられるような要素はどこにもない。審判員の判断が優先し、その決定はただちに下さなければならない。インフィールドフライが宣告されたとき、走者は危険を承知で進塁してもよい。インフィールドフライと宣告された飛球を内野手が故意落球したときは6.05（l）の規定にもかかわらずボールインプレイである。インフィールドフライの規則が優先する。

［注］インフィールドフライは、審判員が宣告して初めて効力を発する。

QUESTION 16

東京ドームで行われた試合。大飛球が内野の天井に当たり、インフィールドに落ちてきた。判定はどうなる？

2アウト一、二塁のチャンス。東京ドームの内野に上がった大きなフライは天井に当たって、フェアゾーンに落ちてきました。東京ドームの天井に当たった場合、どのような判定になりますか？　当たった瞬間にボールデッドとなり、安全進塁権を与えられるのでしょうか。

A ボールデッドとなり、二塁打。

B インプレイでそのまま続く。当たったあとのフライを捕ってもアウトになる。

C ボールデッドとなり、三塁打。

難易度

A 16

ガンッ
うおりゃあ あ ああ!!
ぽてっ
※東京ドーム特別ルールでインプレー!

正解は
B

天井に当たっても
インプレイとなる。

Q16

東京ドームで行われた試合。大飛球が内野の天井に当たり、インフィールドに落ちてきた。判定はどうなる？

状況を確認してみましょう。2アウト一、二塁で内野への高いフライです。2アウトのため、インフィールドフライの適用はないことがわかります。もしノーアウトや1アウトだった場合、インフィールドフライは適用されているはずです。その場合は天井に当たり、落ちてくるボールを野手が捕れなかったとしても、打者はアウトとなります。

2003年9月21日の巨人対阪神戦の1回裏、天井に当たるような大飛球を放ったのは清原和博選手でした。天井に当たって軌道が変わった打球は、ダイヤモンドの中にポトリと落ち、2アウトのため既にスタートを切っていた二塁ランナーの二岡智宏選手がホームに生還しました。守備側からすれば、天井に当たりさえしなければ、捕れるフライだったでしょう。天井を恨みたくなりそうですが、**東京ドームの特別規則**として「インプレイ」として定められているのです。

「打球が、フェア地域とファウル地域の区別なく、プレイングフィールド上の天井に当たった場合は、ボールインプレイで、落下した地点または野手が触れた地点で、フェアボールかファウルボールかの判定をする。この打球を野手が地上に落ちる前に捕球すれば、打者アウトとなる」

では、もし、天井の穴や隙間に挟まった場合はどうなるでしょうか。

「ボールデッド。フェア地域内なら打者、走者ともに2個の安全進塁権が与えられる。ファウル地域なら、ファウルボールとなる」

東京ドームで試合を見るときは、この特別ルールを頭に入れておきましょう。

A 16

出題元となった試合をPLAYBACK

［セ・リーグ公式戦］

阪神 5-10 巨人

（2003年9月21日　東京ドーム）

勝 工藤7勝6敗　敗 福原2勝2敗　本 ペタジーニ34号、斉藤10号、清原24号、アリアス37号

意地の一打は屋根直撃タイムリー

優勝を逃した巨人の本拠地最終戦は、ホームラン3本などで10得点。初回、1年間苦しんだ清原の打球は屋根を直撃し、勢いよくグラウンドに落下するタイムリーに。原監督は試合後「ファンの気持ちが打球に乗り移ったようだった」と語った。

TEAM	1	2	3	4	5	6	7	8	9	計
阪神	0	3	0	0	0	0	2	0	0	5
巨人	1	0	4	0	1	1	0	3	X	10

［1回裏］
2死一、二塁、清原選手の打席

解説 今回の答えの根拠となった野球規則

東京ドーム特別規則
■打球が天井に当たってしまった場合

打球が、フェア地域とファウル地域との区別なく、プレイングフィールド上の天井に当たった場合はボールインプレイで、落下した地点または野手が触れた地点で、フェアボールかファウルボールかの判定をする。この打球を地上に落ちる前に野手が捕球すれば、打者はアウトとなる。ただし、打球がセンターのスピーカーなど、外野のフェア地域にあたる懸垂物に当たった場合はホームラン。

■打球が天井の穴や隙間に挟まって落ちてこなかった場合

ホールインワン、ではなくてボールデッド。フェア地域内なら打者、走者ともに2個の安全進塁権が与えられる。ファウル地域なら、ファウルボールとなる。
（http://www.tokyo-dome.co.jp/dome/fan_information/rule/）

東京ドームで行われた試合。大飛球が内野の天井に当たり、インフィールドに落ちてきた。判定はどうなる？

1アウト一、二塁でレフトフライ。レフトが3アウトと勘違いし、ボールをスタンドに投げ入れてしまった。どのような判定になる?

外野手が3アウト目の飛球を捕ったあと、ファンサービスでスタンドに投げ入れることがあります。しかし、アウトカウントを間違え、2アウト目のボールを投げてしまった場合、判定はどうなるでしょうか。1アウト一、二塁、レフトフライという場面で起きたプレイです。

A ボールデッドで各走者は2つの安全進塁権を与えられる。

B 打者のアウトは無効。シングルヒットとなり満塁で再開。

C 打者のアウトは無効。ホームランとなり3点入る。

難易度

A 17

インプレイのボールをスタンドに投げ入れたためボールデッド。走者は2つの安全進塁権を与えられる。

Q17

1アウト一、二塁でレフトフライ。レフトが3アウトと勘違いし、ボールをスタンドに投げ入れてしまった。どのような判定になる？

2003年5月21日、福岡ドームで行われた巨人対ヤクルト戦で珍プレーが起きました。6回表1アウト一、二塁で、ヤクルトの鈴木健選手が放ったレフトフライを、巨人のクリス・レイサム選手が捕球。2アウト一、二塁となるはずでしたが、何とレイサム選手が捕球したボールをレフトスタンドに投げ入れてしまったのです。3アウトと勘違いしてのファンサービスでした。

この場合、どのような判定となるのでしょうか。公認野球規則7．05「次の場合、各走者（打者走者を含む）は、アウトにされるおそれなく進塁することができる」を示した7．05（g）（2）の項に、こう記されています。

「2個の塁が与えられる場合――送球が、競技場のフェンスを越えるか、くぐるか、抜けた場合。――この際はボールデッドとなる」

「送球」とは、味方の野手に投げるものという印象が強いですが、野手の手から離れたものはすべて送球という考えになります。スタンドに投げ入れたとしても、送球となるわけです。

これによって、二塁ランナーの宮本慎也選手がホームを踏み1点。そのあと、2アウト三塁で試合続行となりました。この試合は結局、巨人が2対1でヤクルトを下すのですが、もしレイサム選手のボーンヘッドがなければ、先発の高橋尚成投手は完封勝利でした。

7．05（g）（2）がよく適用されるのが、野手の各塁への送球が悪送球となり、スタンドに入ったとき。走者一塁でショートゴロ、この送球がスタンドに入った場合は、二、三塁で再開となります。

A 17

出題元となった試合をPLAYBACK

［セ・リーグ公式戦］

ヤクルト 1-2 巨人

（2003年5月21日　福岡ドーム）

勝 高橋尚2勝3敗　敗 ホッジス2勝5敗　本 清原6号、高橋由4号

アウトカウントを間違え1点献上

1点差の緊迫した状況で、巨人のレイサムがアウトカウントを間違える凡ミス。ヤクルトに同点とされた。試合には勝ったが、反省しきりのレイサム。ホームインした宮本は、その捕球姿勢を見てアウトカウントを間違えていると判断し、タッチアップしたという。

［6回表］
1死一、二塁、鈴木選手の打席

TEAM	1	2	3	4	5	6	7	8	9	計
ヤクルト	0	0	0	0	0	1	0	0	0	1
巨人	0	1	0	0	0	1	0	0	X	2

Q17

1アウト一、二塁でレフトフライ。レフトが3アウトと勘違いし、ボールをスタンドに投げ入れてしまった。どのような判定になる？

解説 今回の答えの根拠となった野球規則

7.05　次の場合、各走者（打者走者を含む）は、アウトにされるおそれなく進塁することができる。

(g) 2個の塁が与えられる場合——送球が、

(1) 競技場内に観衆があふれ出ていないときに、スタンドまたはベンチに入った場合（ベンチの場合は、リバウンドして競技場に戻ったかどうかを問わない）。

(2) 競技場のフェンスを越えるか、くぐるか、抜けた場合。

(3) バックストップの上部のつぎ目から、上方に斜めに張ってある金網に上がった場合。

(4) 観衆を保護している金網の目に挟まって止まった場合。

この際は、ボールデッドとなる。審判員は2個の進塁を許すにあたって、次の定めに従う。すなわち、打球処理直後の内野手の最初のプレイに基づく悪送球であった場合は、投手の投球当時の各走者の位置、その他の場合は、悪送球が野手の手を離れたときの各走者の位置を基準として定める。

［付記］悪送球が打球処理直後の内野手の最初のプレイに基づくものであっても、打者を含む各走者が少なくとも1個の塁を進んでいた場合には、その悪送球が内野手の手を離れたときの各ランナーの位置を基準として定める。

［原注1］ときによっては、走者に2個の塁が与えられないこともある。たとえば、走者一塁のとき打者が浅い右翼飛球を打った。走者は一、二塁間で立ち止まっており、打者は一塁を過ぎて走者の後ろまできた。打球は捕らえられず、外野手は一塁に送球したが送球はスタンドに入った。すべてボールデッドとなったときは、走者は進む権利を与えられた塁以上には進塁できないから、一塁走者は三塁へ、打者は二塁まで進む。

［原注2］“悪送球がなされたとき”という術語は、その送球が実際に野手の手を離れたときのことであって、地面にバウンドした送球がこれを捕ろうとした野手を通過したときとか、スタンドの中へ飛び込んでプレイからはずれたときのことではない。内野手による送球がスタンドまたはダッグアウトに入ったが、打者が走者となっていない（三塁走者が捕逸または暴投を利して得点しようとしたときに、アウトにしようとした捕手の送球がスタンドに入った場合など）ような場合は、その悪送球がなされたときの走者の位置を基準として2個の進塁が許される。（7.05(g)の適用に際しては捕手は内野手とみなされる）

一塁走者の二盗を刺すために、送球しようとした捕手の右腕が球審と接触し、投げることができなかった。このときの判定は？

難易度

一塁走者の盗塁を刺そうとして、送球姿勢に入った捕手。ボールを握り替え、投げにいこうとしたときに、後ろにいる球審に右腕がぶつかってしまいました。そのため、送球が逸れ、盗塁は楽々セーフ。球審の妨害に対するルールはあるのでしょうか。

A 球審の妨害となり、一塁走者の盗塁は取り消し。

B 審判は石コロ。妨害にはならずに、二盗は認められる。

C 球審が1試合の出場停止となる。

A 18

球審の妨害で、
盗塁は無効になる。

「妨害」と聞くと、攻撃側のチームに発生するペナルティのように思いますが、それだけでなく攻撃側・守備側・審判員・観衆の4種類の妨害が存在します。

2003年6月12日、甲子園球場で行われたウエスタンリーグの阪神対広島戦で珍しいプレーが起きました。3回裏2アウト一塁の場面で、一塁走者のブルックス・コンラッド選手が二塁にスタート。広島のキャッチャー・白濱裕太捕手が送球しようとしたところ、右腕が球審に当たってしまい、二塁への送球が逸れてしまったのです。

このような場合、どのような判定になるでしょうか。根拠となるのが公認野球規則2．44(c)(1)と5．09(b)です。

2．44(c)(1)「審判員の妨害――(1)盗塁を阻止しようとしたり、塁上の走者をアウトにしようとする捕手の送球動作を、球審がじゃましたり、はばんだり、妨げた場合」

5．09「次の場合にはボールデッドとなり、走者は1個の進塁が許されるか、または帰塁する。その間に走者はアウトにされることはない」。(b)「球審が、盗塁を阻止しようとしたり、塁上の走者をアウトにしようとする捕手の送球動作を妨害(インターフェア)した場合――各走者は戻る」

以上2つの規則から、球審の捕手に対する守備妨害が適用され、一塁走者のコンラッド選手は一塁に戻されることになったのです。なお、白濱捕手の送球がアウトであれば、守備妨害は適用されずに、アウトはそのまま有効となります。

018

一塁走者の二盗を刺すために、送球しようとした捕手の右腕が球審と接触し、投げることができなかった。このときの判定は？

A 18

出題元となった試合をPLAYBACK

［ウ・リーグ公式戦］

阪神 5-0 広島

（2013年6月12日　甲子園球場）

勝 二神2勝0敗　敗 戸田5勝3敗　本 森田5号

コンラッドの盗塁は認められず

3回裏、2死一塁。一塁走者はコンラッド。5番狩野の打席の2球目に盗塁を試みた。しかし、広島の捕手白濱が二塁へ送球する際に、球審のミットと白濱の腕が接触しボールは逸れてセンターへ。その後、「球審の守備妨害」と発表があり、コンラッドは二塁から一塁へ戻された。

TEAM	1	2	3	4	5	6	7	8	9	計
広島	0	0	0	0	0	0	0	0	0	0
阪神	0	0	1	2	1	0	1	0	X	5

［3回裏］
2死一塁、狩野選手の打席

解説 今回の答えの根拠となった野球規則

2.44　INTERFERENCE「インターフェアランス」（妨害）
（c）審判員の妨害
（1）盗塁を阻止しようとしたり、塁上の走者をアウトにしようとする捕手の送球動作を、球審がじゃましたり、はばんだり、妨げた場合。
（2）打球が、野手（投手を除く）を通過する前に、フェア地域で審判員に触れた場合に起こる。
［原注］捕手の送球動作には、投手への返球も含む。

5.09　次の場合にはボールデッドとなり、走者は1個の進塁が許されるか、または帰塁する。その間に走者はアウトにされることはない。
（b）球審が、盗塁を阻止しようとしたり、塁上の走者をアウトにしようとする捕手の送球動作を妨害（インターフェア）した場合——各走者は戻る。
［付記］捕手の送球が走者をアウトにした場合には、妨害がなかったものとする。
［原注］捕手の送球動作には、投手への返球も含む。
［注］捕手の送球によってランダンプレイが始まろうとしたら、審判員はただちに"タイム"を宣告して、走者を元の塁に戻す。

Q18

一塁走者の二盗を刺すために、送球しようとした捕手の右腕が球審と接触し、投げることができなかった。このときの判定は？

一塁線を抜いた痛烈な打球が、野手の後方にいた一塁塁審に直撃。跳ね返った打球をセカンドが捕り、打者走者よりも早く一塁へボールを送った。このときの判定は？

一塁線上を抜ける完全な二塁打コースの打球が、ファーストの後ろにいた一塁塁審に直撃。打球の方向が変わり、セカンドの前へ。打球をさばいたセカンドは、打者走者よりも早く一塁へ送球しました。攻撃側にとっては不運な打球となりましたが、この場合、「アウト」となるでしょうか？

A 塁審に当たった瞬間、ボールデッドとなり、2つの安全進塁権が与えられる。

B 審判は「石ころ」。ボールに当たっても「インプレイ」で試合が続く。つまり、打者はアウト。

C 審判に当たったので、ノーカウント。

難易度

A 19

内野手の後方にいる塁審は「石ころ」となり、インプレイ。打者はアウトとなる。

Q19

一塁線を抜いた痛烈な打球が、野手の後方にいた一塁塁審に直撃。跳ね返った打球をセカンドが捕り、打者走者よりも早く一塁へボールを送った。このときの判定は？

「審判は石ころである」という言葉を聞いたことがある読者は多いと思います。

公認野球規則6．08「打者は、次の場合走者となり、アウトにされるおそれなく、安全に一塁が与えられる」の（d）項に、その根拠となる記述があります。

「野手（投手を含む）に触れていないフェアボールが、フェア地域で審判員または走者に触れた場合。ただし、内野手（投手を除く）をいったん通過するか、または野手（投手を含む）に触れたフェアボールが審判員に触れた場合にはボールインプレイである」

石ころとなるのは後者です。内野手の後方にいる塁審に当たるということは、「内野手をいったん通過」した打球。ファーストの後ろにいる一塁塁審に当たった場合は、ボールインプレイとなるのです。

2013年8月11日、広島対巨人戦で起きたプレイでした。3回裏2アウト一塁で菊池涼介選手の痛烈な打球が一塁線に飛び、ファーストのホセ・ロペス選手の横を抜けていきました。ところが、ロペス選手の後方にいた一塁塁審に直撃。跳ね返った打球をセカンドの藤村大介選手が捕り、ファーストでアウトにしたのです。抜けていれば、一塁走者はホームインしていた可能性もありました。

ただし、石ころにならないときもあります。それは、6．08（d）項の前者です。「野手（投手を含む）に触れていないフェアボール」とは、野手の前に位置している塁審に当たること。守備機会よりも前に、塁審に打球が当たってしまったら、ボールデッドとなり打者は一塁への安全進塁権が与えられます。走者は投球当時の占有塁に戻されますが、走者一塁だった場合は押し出される形で二塁へ進みます。

A 19

出題元となった試合をPLAYBACK

[セ・リーグ公式戦]

巨人 6-1 広島

(2013年8月11日　マツダスタジアム)

勝 菅野10勝3敗　敗 中崎2勝6敗　本 村田19号、キラ9号

反撃のタイムリーがセカンドゴロ

先制されて2点を追う広島。菊池が放った一塁線への痛烈な打球は、西本塁審の右足を直撃して二塁方向へ。一塁走者が二塁でアウトとなり、反撃の火が消えた。この試合を落とした広島は4連敗。5年連続で巨人戦の負け越しが決まった。

TEAM	1	2	3	4	5	6	7	8	9	計
巨人	1	0	1	0	0	0	0	2	2	6
広島	0	0	0	0	0	1	0	0	0	1

[3回裏]
2死一塁、菊池選手の打席

Q19

一塁線を抜いた痛烈な打球が、野手の後方にいた一塁塁審に直撃。跳ね返った打球をセカンドが捕り、打者走者よりも早く一塁へボールを送った。このときの判定は？

解説 今回の答えの根拠となった野球規則

6.08　打者は、次の場合走者となり、アウトにされるおそれなく、安全に一塁が与えられる。(ただし、打者が一塁に進んで、これに触れることを条件とする)

(d)野手(投手を含む)に触れていないフェアボールが、フェア地域で審判員または走者に触れた場合。ただし、内野手(投手を除く)をいったん通過するか、または野手(投手を含む)に触れたフェアボールが審判員に触れた場合にはボールインプレイである。

5.09　次の場合にはボールデッドとなり、走者は1個の進塁が許されるかまたは帰塁する。その間に走者はアウトにされることはない。

(f)内野手(投手を含む)に触れていないフェアボールが、フェア地域で走者または審判員に触れた場合、あるいは内野手(投手を除く)を通過していないフェアボールが、審判員に触れた場合――打者が走者となったために、塁を明け渡す義務が生じた各走者は進む。走者がフェアボールに触れても、次の場合には、審判員はアウトを宣告してはならない。なお、この際は、ボールインプレイである。

(1)いったん、内野手に触れたフェアボールに触れた場合。

(2)1人の内野手に触れないでその股間または側方を通過した打球にすぐその後方で触れても、このボールに対して他のいずれの内野手も守備する機会がなかったと審判員が判断した場合。

[原注]打球が投手を通過してから、内野内に位置していた審判員に触れた場合は、ボールデッドとなる。フェア地域で野手によってそらされた打球が、まだインフライトの状態のまま、走者または審判員に触れ地上に落ちるまでに、内野手によって捕球されても、捕球とはならず、ボールインプレイの状態は続く。

[注]フェアボールがファウル地域で審判員に触れた場合、ボールインプレイである。

一塁線を破る打球に対して、ファウルグラウンドにいたボールボーイが「ファウル」と勘違いして打球を捕ってしまった。さて、判定は？

一塁線を痛烈に破る二塁打コースの打球を、一塁側ブルペンの近くにいたボールボーイが捕ってしまいました。ファウルと勘違いしてしまったのです。捕らなければ、確実に二塁打になっていたでしょう。ボールボーイにとっては、冷や汗ものの大失態。判定はどうなるでしょうか。

A ボールボーイに触れた瞬間、ボールデッドとなり一塁までの安全進塁権が与えられる。

B ボールボーイに触れた瞬間、ボールデッドとなり、ボールボーイが触れなかった場合は二塁打との判断で、二塁までの安全進塁権が与えられる。

C ボールボーイが触ってもインプレイ。ボールボーイがすみやかにボールを手から離し、プレイは続く。

難易度

A 20

ボールボーイの妨害がなければ、打者はどこまで進めたかを判断。二塁打となる。

020

一塁線を破る打球に対して、ファウルグラウンドにいたボールボーイが「ファウル」と勘違いして打球を捕ってしまった。さて、判定は？

プロ野球の試合では一塁側、三塁側のファウルゾーンに必ずボールボーイがいます。球場内のファウルボールをすみやかに捕りに行くのが仕事ですが、まれにフェアの打球まで捕ってしまう珍事も…。

2007年4月17日、スカイマークスタジアムで行われた巨人対広島戦。6回表、広島の前田智徳選手が引っ張った打球はライト線への二塁打となるはずでした。クッションボールによっては、三塁打の可能性もあったでしょう。ところが、一塁側のボールボーイがファウルと勘違いしたのでしょうか、この打球に触れてしまったのです。

公認野球規則3．15を見ると、どのような判定を下せばいいかが書かれています。当該箇所を抜粋しますので確認しましょう。

「しかし故意の妨害のときには、妨害と同時にボールデッドとなり、審判員は、もし妨害がなかったら競技はどのような状態になったかを判断して、ボールデッド後の処置をとる」

そして【原注】として、「妨害が故意であったか否かは、その行為に基づいて決定しなければならない。たとえば、バットボーイ、ボールボーイ、警察官などが、打球または送球に触れないように避けようとしたが避けきれずに触れた場合は、故意の妨害とはみなされない。**しかしボールをけったり、拾い上げたり、押し戻した場合には、本人の意思とは関係なく故意の妨害とみなされる**」

ボールボーイはわざと拾い上げたわけではないですが、「本人の意思とは関係なく故意の妨害」とされるのです。審判団の協議の結果、「ボールボーイの妨害がなければ二塁打」という判断になりました。

一塁線を破る打球に対して、ファウルグラウンドにいたボールボーイが「ファウル」と勘違いして打球を捕ってしまった。さて、判定は？

出題元となった試合をPLAYBACK

［セ・リーグ公式戦］

広島 3-1 巨人

（2007年4月17日　スカイマークスタジアム）

勝 黒田2勝2敗　敗 姜1勝2敗　S 永川1勝0敗4S

エースの好投をかすませた珍事件

広島の先発は、現在ヤンキースで活躍する黒田。巨人は「天敵」の前に3安打、エラー絡みで1点返すのがやっと。快勝ともいえる試合展開だったが、広島のブラウン監督はボールボーイの失態に「彼を外してほしい」と怒り心頭だった。

［6回表］
2死一塁、前田智選手の打席

TEAM	1	2	3	4	5	6	7	8	9	計
広島	0	0	0	2	0	0	1	0	0	3
巨人	0	0	0	0	0	0	0	0	1	1

解説　今回の答えの根拠となった野球規則

3.15

試合中は、ユニフォームを着たプレーヤーおよびコーチ、監督、ホームチームによって公認されている報道写真班、審判員、制服を着た警官、ならびにホームチームの警備員、その他の従業員のほかは、競技場内に入ってはならない。

競技場内に入ることを公認された人（試合に参加している攻撃側メンバーまたはベースコーチ、そのいずれかが打球または送球を守備しようとしている野手を妨害した場合、あるいは審判員を除く）が競技を妨害したとき、その妨害が故意でないときは、ボールインプレイである。**しかし、故意の妨害のときには、妨害と同時にボールデッドとなり、審判員は、もし妨害がなかったら競技はどのような状態になったかを判断して、ボールデッド後の処置をとる。**

［原注］本条で除かれている攻撃側メンバーまたはベースコーチが、打球または送球を守備しようとしている野手を妨害した場合については、7.11参照。審判員による妨害については5.09（b）、同（f）および6.08（d）、走者による妨害については7.08（b）参照。

妨害が故意であったか否かは、その行為に基づいて決定しなければならない。

たとえば、バットボーイ、ボールボーイ、警察官などが、打球または送球に触れないように避けようとしたが避けきれずに触れた場合は、故意の妨害とはみなされない。しかしボールをけったり、拾い上げたり、押し戻した場合には、本人の意思とは関係なく故意の妨害とみなされる。

QUESTION 21

無死一塁で一塁側への送りバント。投手が処理し、一塁へ送球するも一塁ファウルラインの内側を走っていた打者走者に当たり、ボールは外野を転々。一塁走者は一気にホームを踏んだが、この得点は認められる？

無死一塁から一塁側へ見事な送りバント。打球を処理した投手が一塁ベースカバーに入ったセカンドに投げるも、打者走者の体に当たり、悪送球になってしまいました。この間に、一塁走者はホームイン。打者走者は本塁一塁間の後半を走り、その走路は一塁ファウルラインの内側、つまりフェアグラウンドでした。

A ボールインプレイ。1点は認められる。

B 打者走者の守備妨害とみなされ、アウト。1死一塁で再開。

C 打者走者に当たらなければ一塁はアウトで、送りバントは決まっていたと判断され、1死二塁で再開。

難易度

A 21

打者走者の守備妨害となり、打者はアウト。走者は一塁へ戻される。

Q21

無死一塁で一塁側への送りバント。投手が処理し、一塁へ送球するも一塁ファウルラインの内側を走っていた打者走者に当たり、ボールは外野を転々。一塁走者は一気にホームを踏んだが、この得点は認められる？

野球場には必ずスリーフットラインが引かれています。本塁と一塁間の中間地点から一塁方向へ、一塁ラインと平行に描かれているラインで、長さは48フィート（約14．6メートル）、一塁ラインとの距離は3フィート（約91．4センチ）。スリーフットラインとファイルラインとで囲まれた区域を「スリーフットレーン」といいます。この前提は頭に入れたうえで、公認野球規則6．05「打者は、次の場合、アウトとなる」の（k）項を見てみましょう。前半部分を抜粋します。

「一塁に対する守備が行われているとき、本塁一塁間の後半を走るに際して、打者がスリーフットラインの外側（向かって右側）またはファウルラインの内側（向かって左側）を走って、一塁への送球を捕らえようとする野手の動作を妨げたと審判員が認めた場合。この際は、ボールデッドとなる」

そして、【原注】には「スリーフットレーンを示すラインはそのレーンの一部であり、打者走者は両足をスリーフットレーンの中もしくはスリーフットレーンのライン上に置かなければならない」

走者は公認野球規則2．44（a）項の【原注】に「打者走者が一塁に到達しないうちに妨害が発生したときは、すべての走者は投手の投球当時占有していた塁に戻らなければならない」と書かれているとおり、一塁へ戻されます。

2009年8月2日、ロッテ対楽天戦。3回裏無死一塁から田中雅彦選手がバントを転がし、一塁へ走る際、ファウルラインの内側を走っていたのです。そして、楽天・長谷部康平投手の送球が田中選手の体に当たり、田中選手は守備妨害を取られてしまいました。

A 21

出題元となった試合をPLAYBACK

［パ・リーグ公式戦］

楽天 1-2 ロッテ

（2009年8月2日　千葉マリンスタジアム）

勝 シコースキー6勝5敗5S　敗 グウィン1勝4敗3S

4時間16分の敗戦にぼやく名将

17時に始まり23時過ぎに終了という、長い長い試合。11回裏に登板した楽天・有銘の1球目はロッテ・福浦への頭部死球となり、史上5人目の「1球退場」の記録も残した。3連敗を喫した楽天・野村監督は「負け方が悪い」とぼやいた。

TEAM	1	2	3	4	5	6	7	8	9	10	11	計
楽天	1	0	0	0	0	0	0	0	0	0	0	1
ロッテ	0	0	1	0	0	0	0	0	0	0	1x	2

［3回裏］
無死一塁、田中雅選手の打席

解説 今回の答えの根拠となった野球規則

6.05　打者は、次の場合、アウトとなる。

(k)一塁に対する守備が行われているとき、本塁一塁間の後半を走るに際して、打者がスリーフットラインの外側（向かって右側）またはファウルラインの内側（向かって左側）を走って、一塁への送球を捕らえようとする野手の動作を妨げたと審判員が認めた場合。この際は、ボールデッドとなる。ただし、打球を処理する野手を避けるためにスリーフットラインの外側（向かって右側）またはファウルラインの内側（向かって左側）を走ることはさしつかえない。

［原注］スリーフットレーンを示すラインはそのレーンの一部であり、打者走者は両足をスリーフットレーンの中もしくはスリーフットレーンのライン上に置かなければならない。

2.44　INTERFERENCE「インターフェアランス」（妨害）

(a)攻撃側の妨害
攻撃側プレーヤーがプレイしようとしている野手を妨げたり、さえぎったり、はばんだり、混乱させる行為である。審判員が打者、打者走者または走者に妨害によるアウトを宣告した場合には、他のすべての走者は妨害発生の瞬間にすでに占有していたと審判員が判断する塁まで戻らなければならない。ただし、本規則で別に規定した場合を除く。

「原注」打者走者が一塁に到達しないうちに妨害が発生したときは、すべての走者は投手の投球当時占有していた塁に戻らなければならない。

［注］本項［原注］は、プレイが介在した後に妨害が発生した場合には適用しない。

Q21

無死一塁で一塁側への送りバント。投手が処理し、一塁へ送球するも一塁ファウルラインの内側を走っていた打者走者に当たり、ボールは外野を転々。一塁走者は一気にホームを踏んだが、この得点は認められる？

一塁走者が二塁へ盗塁を試みた際、激しいスライディングでセカンドのグラブからボールがこぼれた。タイミングを見ればアウト。この盗塁は認められる？

難易度

二塁盗塁がアウトのタイミングで、一塁走者が激しいスライディングをしてきました。すると、二塁ベースカバーに入ったセカンドのグラブから、ボールがポロリ。スライディングがなければ完全にアウトだったわけですが、どのような判定になるでしょうか。

A 体当たりをしたわけではないので盗塁成功。

B アウトのタイミングでの悪質なスライディングは守備妨害と見なされ、一塁走者はアウト。

C ノーカウントとなり、走者は一塁に戻される。

A 22

守備妨害と見なされ、
一塁走者はアウトとなる。

Q22

一塁走者が二塁へ盗塁を試みた際、激しいスライディングでセカンドのグラブからボールがこぼれた。タイミングを見ればアウト。この盗塁は認められる？

2006年10月12日に行われたパ・リーグのプレーオフ第2ステージ、日本ハム対ソフトバンク戦。ソフトバンクのフリオ・ズレータ選手のスライディングが守備妨害と取られたことがありました。

5回表、一塁走者のズレータ選手が二盗を仕掛けましたが、タイミングは明らかにアウト。滑り込む前に、日本ハムの田中賢介選手はキャッチャーからの送球を捕球していました。その田中選手のグラブ目掛けて、ズレータ選手は激しいスライディングをしてきたのです。そして、グラブからボールがポロリ。これを見て、二塁塁審がズレータ選手にアウトを宣告しました。

根拠となるのは公認野球規則7．08「次の場合、走者はアウトとなる」の（b）項にあります。

「走者が、送球を故意に妨げた場合、または打球を処理しようとしている野手の妨げになった場合」

そして、【原注1】と【注2】にはこのように記されています。

【原注1】「打球（フェアボールとファウルボールとの区別なく）を処理しようとしている野手の妨げになったと審判員によって認められた走者は、それが故意であったか故意でなかったかの区別なく、アウトになる」。【注2】「走者が6．05（k）、7．08（a）項規定の走路を走っていた場合でも、打球を処理しようとしている野手の妨げになったと審判員が判断したときには、本項の適用を受けて、走者はアウトになる」

つまり、故意か否か、正規の走路を走っていたか否かは関係なく、打球を処理しようとする野手の妨げになった場合は、守備妨害となり走者はアウトになるのです。

A 22

出題元となった試合をPLAYBACK

［パ・リーグ　プレーオフ第2ステージ］

ソフトバンク 0-1 日本ハム

（2006年10月12日　札幌ドーム）

勝 八木1勝0敗　敗 斉藤和0勝1敗

パ覇者を決めた球史に残る熱戦

ソフトバンク・斉藤和、日本ハム・八木の投げ合いは0対0のまま最終回へ。9回裏、日本ハムが稲葉の内野安打でサヨナラ勝ち。127球を投げ抜き、最少失点で敗戦投手となった斉藤和はマウンドに崩れ落ち、立ち上がれなかった。

［5回表］
1死一塁、ズレータ選手の走塁

TEAM	1	2	3	4	5	6	7	8	9	計
ソフトバンク	0	0	0	0	0	0	0	0	0	0
日本ハム	0	0	0	0	0	0	0	0	1x	1

解説 今回の答えの根拠となった野球規則

7.08　次の場合、走者はアウトとなる。

(a)

(1)走者が、野手の触球を避けて、走者のベースパス(走路)から3フィート以上離れて走った場合。ただし、打球を処理している野手を妨げないための行為であれば、この限りではない。この場合の走者のベースパス(走路)とは、タッグプレイが生じたときの、走者と塁を結ぶ直線をいう。

(2)一塁に触れてすでに走者となったプレーヤーがベースパス(走路)から離れ、次の塁に進もうとする意思を明らかに放棄した場合。

[原注]一塁に触れてすでに走者となったプレーヤーが、もはやプレイは続けられていないと思い込んで、ベースパスを離れてダッグアウトか守備位置の方へ向かったとき、審判員がその行為を走塁する意思を放棄したとみなすことができると判断した場合、その走者はアウトを宣告される。この際、たとえアウトが宣告されても、他の走者に関しては、ボールインプレイの状態が続けられる。

(b)走者が、送球を故意に妨げた場合、または打球を処理しようとしている野手の妨げになった場合。

[原注1]打球(フェアボールとファウルボールとの区別なく)を処理しようとしている野手の妨げになったと審判員によって認められた走者は、それが故意であったか故意でなかったかの区別なく、アウトになる。しかし、正規に占有を許された塁についていた走者が、フェア地域とファウル地域との区別なく守備の妨げになった場合、審判員がその妨害を故意と判断したときを除いて、その走者はアウトにはならない。審判員が、その妨害を故意と宣告した場合には次のペナルティを科す。0アウトまたは1アウトのときは、その走者と打者とにアウトを、2アウト後のときは、打者にアウトを宣告する。

[注1]"野手が打球を処理する"とは、野手が打球に対して守備しはじめてから打球をつかんで送球し終わるまでの行為をいう。したがって、走者が、前記のどの守備行為でも妨害すれば、打球を処理しようとしている野手を妨げたことになる。

[注2]走者が6.05(k)、7.08(a)項規定の走路を走っていた場合でも、打球を処理しようとする野手の妨げになったと審判員が判断したときには、本項の適用を受けて、走者はアウトになる。

2.44　INTERFERENCE「インターフェアランス」(妨害)

(a)攻撃側の妨害

攻撃側プレーヤーがプレイしようとしている野手を妨げたり、さえぎったり、はばんだり、混乱させる行為である。審判員が打者、打者走者または走者に妨害によるアウトを宣告した場合には、他のすべての走者は妨害発生の瞬間にすでに占有していたと審判員が判断する塁まで戻らなければならない。ただし、本規則で別に規定した場合を除く。

※Commom sense in fairplay mannerが規則の根底にある。

Q22

一塁走者が二塁へ盗塁を試みた際、激しいスライディングでセカンドのグラブからボールがこぼれた。タイミングを見ればアウト。この盗塁は認められる？

QUESTION 23

無死一塁でショートライナー。ショートは地面スレスレで捕球後、意識的にボールを落とし、6→4→3の併殺を狙いにいった。この併殺は成立する？

無死一塁で、ショートへのライナー。ショートは地面スレスレで捕球したかと思いましたが、すぐにボールを落とし、6→4→3の併殺狙い。ライナーだったため、一塁走者にはスタートの判断が難しい当たりです。いわば頭脳的なプレイともいえますが、認められるのでしょうか。

A 内野手の故意落球となり認められない。一塁走者がアウトになる。

B 内野手の故意落球となり認められない。打者走者がアウトになる。

C インプレイ。ゲッツーが成立する。

難易度

A 23

内野手の故意落球となり、ボールデッドで併殺は認められていない。打者走者がアウトになる。

023

無死一塁でショートライナー。ショートは地面スレスレで捕球後、意識的にボールを落とし、6→4→3の併殺を狙いにいった。この併殺は成立する？

「故意落球」という言葉を聞いたことあるでしょうか。言葉のとおり、故意にボールを落とすことです。公認野球規則6．05「打者は、次の場合、アウトになる」の（I）項に詳しく記されています。「0アウトまたは1アウトで、走者一塁、一・二塁、一・三塁または一・二・三塁のとき、内野手がフェアの飛球またはライナーを故意に落とした場合。ボールデッドとなって、走者の進塁は認められない」

では、「故意」の定義はどこにあるのでしょうか。【付記】と【注1】を見てみましょう。

【付記】内野手が打球に触れないでこれを地上に落としたときには、打者はアウトにならない。ただし、インフィールドフライの規則が適用された場合は、この限りではない。

【注1】本項は、容易に捕球できるはずの飛球またはライナーを、内野手が地面に触れる前に片手または両手で現実にボールに触れて、故意に落とした場合に適用される。

つまり、ダイビングキャッチを試みたすえに、グラブに当たってボールが落ちるような打球は「故意落球」とはならないわけです。

2008年3月30日に行われた中日対広島戦で、内野手の故意落球が問題となりました。当事者は守備の名手、中日のショート、井端弘和選手。6回表無死一塁の守りで、緒方孝市選手のショートライナーを捕球後、すぐにボールを落とし、6→4→3と渡ったのです。これを見た二塁塁審がすぐに故意落球を宣告し、打者・緒方選手がアウト。試合は、1アウト一塁から再開となりました。

A 23

出題元となった試合をPLAYBACK

［セ・リーグ公式戦］

広島 0-4 中日

（2008年3月30日　ナゴヤドーム）

勝 小笠原1勝0敗　敗 長谷川0勝1敗　本 森野2号、中村紀1号

守備陣も投手陣も安定感抜群

前年度日本一の中日が安定感を見せつけた。小笠原、吉見、中里、高橋の4投手による完封リレー。対する広島は、新4番の栗原が開幕戦2打席目から13打席連続無安打と打撃不振。チームは9残塁で、開幕3連戦は1分2敗となった。

［6回表］
無死一塁、緒方選手の打席

TEAM	1	2	3	4	5	6	7	8	9	計
広島	0	0	0	0	0	0	0	0	0	0
中日	1	0	0	1	0	2	0	0	X	4

解説 今回の答えの根拠となった野球規則

6.05　打者は、次の場合、アウトになる。

（l）0アウトまたは1アウトで、走者一塁、一・二塁、一・三塁または一・二・三塁のとき、内野手がフェアの飛球またはライナーを故意に落とした場合。ボールデッドとなって、走者の進塁は認められない。

［付記］内野手が打球に触れないでこれを地上に落としたときには、打者はアウトにならない。ただし、インフィールドフライの規則が適用された場合は、この限りではない。

［注1］本項は、容易に捕球できるはずの飛球またはライナーを、内野手が地面に触れる前に片手または両手で現実にボールに触れて、故意に落とした場合に適用される。

［注2］投手、捕手および外野手が、内野で守備した場合は、本項の内野手と同様に扱う。またあらかじめ外野に位置していた内野手は除く。

Q23

無死一塁でショートライナー。ショートは地面スレスレで捕球後、意識的にボールを落とし、6→4→3の併殺を狙いにいった。この併殺は成立する？

QUESTION 24

投手がゴロをさばくも、ボールがグラブに引っかかってしまったため、グラブごとファーストへ。ファーストは脇で抱えるようにして捕球した。打者の触塁よりも早かったが、この判定はどうなる？

ゴロを難なくさばいた投手の動きが何かおかしい。何と、ボールがグラブにはさまり、抜けなくなってしまったようです。焦った投手は、グラブごとファーストへ投げて、打者走者の触塁よりも早く、ファーストはグラブを抱えました。これはアウトになるのでしょうか。

A ボールが入ったグラブを持っているのでアウト。

B 「完全捕球」とは認められず、セーフ。

C グラブを投げたため、安全進塁権2つが与えられる。

難易度

A 24

脇で抱えている場合は、完全捕球と認められない

Q24

投手がゴロをさばくも、ボールがグラブに引っかかってしまったため、グラブごとファーストへ。ファーストは脇で抱えるようにして捕球した。打者の触塁よりも早かったが、この判定はどうなる？

２０１２年10月18日、東京ドームで開催されたセ・リーグクライマックスシリーズ、ファイナルステージ、巨人対中日の第2戦で起きたプレイです。

巨人のマウンドはデニス・ホールトン投手。1回表、先頭の大島洋平選手が投手へのゴロを打ちました。難なくさばいたホールトン投手は一塁へ投げようとしましたが、ボールがグラブにはさまってしまい抜けません。何とかしようと、一塁ベース方向へ走りながら、グラブを一塁手にトスしました。タイミングは完全にアウトも、塁審の判定はセーフ。なぜ、アウトにならなかったのでしょうか。

公認野球規則2．15に「キャッチ」（捕球）の項目があります。捕球するとはどういうことなのか、言葉として定義づけられているのです。

「**野手が、インフライトの打球、投球または送球を、手またはグラブでしっかりと受け止め、かつそれを確実につかむ行為**であって、帽子、プロテクター、あるいはユニフォームのポケットまたは他の部分で受け止めた場合は、捕球とはならない」

このとき、ファーストを守っていたのは亀井義行選手でした。リプレイで見ると、左脇で挟んで、抱え込んでいるように見えます。これでは、完全捕球とは言えません。

２０１３年7月24日、ヤクルト対阪神戦でヤクルトの八木亮祐投手とファーストの畠山和洋選手が、同じプレイでアウトを取りました。八木投手がボールのはまったグラブを投げると、畠山選手はグラブの中のボールを右手でつかむように捕ったのです。これであれば、「捕球」として認められます。

A 24

出題元となった試合をPLAYBACK

［セ・リーグ　クライマックスシリーズファイナルステージ］

中日 5-2 巨人

（2012年10月18日　東京ドーム）

勝 伊藤1勝0敗　敗 ホールトン0勝1敗　S 山井0勝0敗2S　本 大島1号

先発投手が初回から独り相撲

巨人の先発・ホールトンは2回も、球審の判定に何度も不満を表す。さらに中日・伊藤の打球は足に当たったと自分で判断し、打者走者と三塁走者の進塁を許すなど、4回途中3失点で降板。勢いを得られなかった巨人は2連敗を喫した。

［1回表］
先頭打者、大島選手の打席

TEAM	1	2	3	4	5	6	7	8	9	計
中日	0	2	0	1	0	1	0	0	1	5
巨人	1	0	0	0	0	0	0	1	0	2

解説 今回の答えの根拠となった野球規則

2.15　CATCH「キャッチ」（捕球）

野手がインフライトの打球、投球または送球を、手またはグラブでしっかりと受け止め、かつそれを確実につかむ行為であって、帽子、プロテクターあるいはユニフォームのポケットまたは他の部分で受け止めた場合は捕球とはならない。また、ボールに触れると同時、あるいはその直後に他のプレーヤーや壁と衝突したり倒れた結果、落球した場合は“捕球”ではない。野手が飛球に触れ、そのボールが攻撃チームのメンバーまたは審判員に当たった後に、いずれの野手がこれを捕らえても“捕球”とはならない。野手がボールを受け止めた後、これに続く送球動作に移ってからボールを落とした場合は、“捕球”と判定される。要するに、**野手がボールを手にした後、ボールを確実につかみ、かつ、意識してボールを手放したことが明らかであれば、これを落とした場合でも“捕球”と判定される。**

［原注］野手がボールを地面に触れる前に捕らえれば、正規の捕球となる。その間、ジャッグルしたり、あるいは他の野手に触れることがあってもさしつかえない。走者は、最初の野手が飛球に触れた瞬間から塁を離れてさしつかえない。野手はフェンス、手すり、ロープなど、グラウンドと観客席との境界線を越えた上空へ身体を伸ばして飛球を捕らえることは許される。また野手は手すりの頂上やファウルグラウンドに置いてあるキャンバスの上に飛び乗って飛球を捕らえることも許される。しかし野手が、フェンス、手すり、ロープなどを越えた上空やスタンドへ身体を伸ばして飛球を捕らえようとすることは、危険を承知で行うプレイだから、たとえ観客にその飛球を妨げられても、観客の妨害行為に対してはなんら規則上の効力は発生しない。ダッグアウトの縁で飛球を捕らえようとする野手が、中へ落ち込まないように、中にいるプレーヤー（いずれのチームかを問わない）によって身体を支えられながら捕球した場合、正規の捕球となる。

［注］捕手が身につけているマスク、プロテクターなどに触れてからはね返ったフライを地面に落とさず捕らえれば、正規の“捕球”となる。（ファウルチップについては、2.34参照）ただし、手またはミット以外のもの、たとえばプロテクターあるいはマスクを用いて捕らえたものは正規の捕球とはならない。

Q24

投手がゴロをさばくも、ボールがグラブに引っかかってしまったため、グラブごとファーストへ。ファーストは脇で抱えるようにして捕球した。打者の触塁よりも早かったが、この判定はどうなる？

QUESTION 25

ライトフェンス際の飛球に対して、グラブを差し出す外野手。ところが、グラブの中でボールが跳ね、そのまま外野スタンドに入ってしまった。打球はフェア。このときの判定は？

ライトフェンス際の大飛球を懸命に追うライト。フェンスに足をかけて、何とか捕りにいこうとしましたが、打球はグラブに当たり、スタンドにポトリ。がっくりと肩を落とすライト。一度、フェア地域でグラブに当たった打球がスタンドに入った場合、判定はどうなるでしょうか。

A エンタイトルツーベースとなる。

B スタンドに入っていなければ打者走者はどこまで進むことができるか。審判員の判断によって二塁打か三塁打となる。

C ボールがスタンドに入ったのでホームラン。

難易度

A 25

ぱふっ
ホームランを
アシストしてしまったー!
やっちまった〜!

正解は
C

打球がフェア地域のスタンドに入ったためホームラン。

俗に「アシストホームラン」とも呼ばれるプレーです。外野手のグラブに当たって、そのままフェア地域のスタンドへ。外野手にとっては一番経験したくないプレーかもしれません。

公認野球規則6．09「次の場合、打者は走者となる」を見てみましょう。（h）項が、問題のプレーに該当します。

「フェア飛球が野手に触れて進路が変わり、（1）ファウル地域のスタンドに入るか、またはファウル地域のフェンスを越えた場合——打者に二塁が与えられる。（2）フェア地域のスタンドに入るか、またはフェア地域のフェンスを越えた場合——打者に本塁が与えられる」

1994年10月26日、西武球場で行われた巨人対西武の日本シリーズ第4戦でアシストホームランが生まれました。場面は、5回表1アウト一塁で打席には巨人・松井秀喜選手。西武の3番手・橋本武広投手のスライダーを芯でとらえた飛球は、ライトフェンスギリギリのところへ飛んでいきました。これを大塚光二選手がフェンスに足をかけ、左手を目いっぱい伸ばして捕りにいくも、無情にもグラブに当たってライトスタンドにポトリと落ちたのです。判定は公認野球規則6．09（h）（1）が採用され、ホームランとなりました。

なかなかありえないプレーですが、ライン際のフェア地域の飛球をグラブに当てて、そのボールがファウル地域のスタンドに入った場合は二塁打となります。グラブに当たった打球が、フェア地域かファウル地域のスタンドに入るかで判定が変わってくるのです。

Q25

ライトフェンス際の飛球に対して、グラブを差し出す外野手。ところが、グラブの中でボールが跳ね、そのまま外野スタンドに入ってしまった。打球はフェア。このときの判定は？

Q25

ライトフェンス際の飛球に対して、グラブを差し出す外野手。ところが、グラブの中でボールが跳ね、そのまま外野スタンドに入ってしまった。打球はフェア。このときの判定は？

A25

出題元となった試合をPLAYBACK

[日本シリーズ]

巨人 5-6 西武

(1994年10月26日　西武球場)

勝 石井丈1勝1敗　敗 木田0勝1敗　本 松井1号、清原2号、大久保1号

熱戦の陰にあった本塁打アシスト

巨人の2勝1敗で迎えた第4戦は延長12回、4時間12分、球史に残る大熱戦となった。そんな中、5回に出た巨人・松井のシリーズ1号は、西武のライト・大塚のグラブに当たってのスタンドイン。ホームランだと気づかなかった松井は全力疾走していた。

[5回表]
1死一塁、松井選手の打席

TEAM	1	2	3	4	5	6	7	8	9	10	11	12	計
巨人	0	2	0	0	2	0	0	0	1	0	0	0	**5**
西武	1	0	0	0	0	1	0	3	0	0	0	1x	**6**

解説　今回の答えの根拠となった野球規則

6.09　次の場合、打者は走者となる。

(h)フェア飛球が野手に触れて進路が変わり、

(1)ファウル地域のスタンドに入るか、またはファウル地域のフェンスを越えた場合——打者に二塁が与えられる。

(2)フェア地域のスタンドに入るか、またはフェア地域のフェンスを越えた場合——打者に本塁が与えられる。ただし、(2)の場合、そのスタンドまたはフェンスが本塁から250フィート未満の距離にあるときは、打者に二塁が与えられるだけである。

[注]本条各項で、打者、走者ともに2個の進塁権が与えられる場合は、投球の投球当事に占有していた塁を基準とする。

走者二塁で投手が暴投。捕手がネット裏に転がったボールを拾いにいこうとすると、球審と激突し、ボール入れから予備のボールが落ちた。捕手はそのボールを拾って、三塁を回ってきた走者に本塁付近でタッグしたが、アウトになる？

前代未聞のプレーが起きました。走者一、二塁でワイルドピッチ。ネット裏に素早く拾いにいこうとした捕手が、球審とぶつかってしまい、球審のボールケースから予備のボールが落ちたのです。捕手は予備のボールを拾い、本塁を狙った二塁走者にタッグ。さて、判定は？

A 予備でもボールはボール。タッグアウトになる。

B 投球そのものがノーカウントになる。

C 審判員の判断で二塁走者は三塁に戻る。

難易度 ⚾⚾⚾

A 26

審判員の裁量に基づいた、裁定が下される。

もし、公認野球規則に具体的に書かれていないプレイが起きた場合、審判員はどのような判定を下すのでしょうか。公認野球規則9．01「審判員の資格と権限」の（c）項に以下の文言があります。
「審判員は、本規則に明確に規定されていない事項に関しては、自己の裁量に基づいて、裁定を下す権能が与えられている」

つまり、明確に書かれていないプレイについては、**「自己の裁量」で判定する**ことになるのです。ただし、審判員からすれば「明確に規定されていない」という根拠があったうえで、はじめて適用できる規則でもあり、「最終手段」ともいえるのです。

2013年7月23日、高校野球奈良県大会3回戦の奈良大付対天理の一戦で、想定外のプレイが起きました。1回表、天理が2アウト一、二塁とチャンスを作ると、5番打者のところで暴投。奈良大付の捕手が後ろに逸らしたボールを追いにいくと、球審と衝突してしまったのです。このとき、球審のボール袋から予備のボールが1個、グラウンドにポトリ。本来のボールはバックネット際まで転がっていたため、二塁走者は三塁を回って本塁を狙ってきました。

ここで、捕手の視界に飛び込んできたのは、近くに落ちていた予備のボール。それを拾うと、本塁を狙った二塁走者にタッグしましたが、これはアウトになるのでしょうか？　球審がすぐにタイムを取り、ほかの審判員と協議をしました。そして、審判員の「裁量」によって本塁でのタッグプレイは無効。走者は1つずつ進み、2アウト二、三塁からの再開となったのです。

Q26

走者一、二塁で投手が暴投。捕手がネット裏に転がったボールを拾いにいこうとすると、球審と激突し、ボール入れから予備のボールが落ちた。捕手はそのボールを拾って、三塁を回ってきた走者に本塁付近でタッグしたが、アウトになる？

A 26

出題元となった試合をPLAYBACK

［高校野球・奈良県大会3回戦］

奈良大付 12-4 天理

（2013年7月23日）

ボールが2個!? のイリュージョン

1回、2死1、二塁と先制のチャンスを迎えた天理。奈良大付の投手・久保が暴投し、追う捕手・西辻が球審と衝突、ボール袋から新球がこぼれ落ちた。審判団の協議で、ホームインが認められなかった天理の橋本監督は「インプレイだったら2点だったかも」と話した。

解説 今回の答えの根拠となった野球規則

9.01　審判員の資格と権限

（C）　審判員は、本規則に明確に規定されていない事項に関しては、自己の裁量に基づいて、裁定を下す権能が与えられている。

Q26

走者一、二塁で投手が暴投。捕手がネット裏に転がったボールを拾いにいこうとすると、球審と激突し、ボール入れから予備のボールが落ちた。捕手はそのボールを拾って、三塁を回ってきた走者に本塁付近でタッグしたが、アウトになる？

QUESTION 27

2アウト一、三塁からショートバウンドの変化球を空振り。捕手は打者への触球（タッグ）をせずにベンチに戻った。その間に、走者も打者も各塁を回り、最後にホームベースを踏んだ。ここでの得点は認められる？

2アウト一、三塁。ショートバウンドの変化球を空振りして、打者は三振となりました。捕手は打者に触球せずにベンチへ。ダートサークル内にいた打者は、タッグされていないことに気づき、ベースを1周。相手守備陣はすでにベンチに戻っていました。得点は入るのでしょうか？

A 2人の走者と打者走者の計3点が認められる。

B 3ストライク目を空振りしているので三振でチェンジ。無得点。

C 走者2人の得点だけ認められる。

難易度

A 27

触球がなかったため、三振は成立しない。すべてのホームインが認められる。

いわゆる「振り逃げ」に関するルールです。該当するのが、公認野球規則6．05「打者は、次の場合、アウトとなる」の（b）項と6．09「次の場合、打者は走者となる」の（b）項です。

6．05（b）「第3ストライクと宣告された投球を、捕手が正規に捕球した場合」

【原注】〝正規の捕球〟ということは、まだ地面に触れていないボールが、捕手のミットの中に入っているという意味である（後略）。

6．09（b）（1）走者が一塁にいないとき、（2）走者が一塁にいても2アウトのとき、捕手が第3ストライクと宣告された投球を捕らえなかった場合。

【原注】第3ストライクと宣告されただけで、まだアウトになっていない打者が、気がつかずに、一塁に向かおうとしなかった場合、その打者は〝ホームプレートを囲む土の部分〟を出たらただちにアウトが宣告される。

2007年7月28日、高校野球神奈川県大会準決勝、東海大相模対横浜。4回表、東海大相模が2アウト一、三塁のチャンスを迎えるも、打者がワンバウンドを空振りして3ストライク。捕手は打者にタッグせずにベンチに戻りました。打者は監督の指示もありベースを1周し、計3人がホームイン。審判員が協議した結果、「正規の捕球」ではないと判断し、三振のはずが3点も入ったのです。このとき、打者はダートサークル内にいました。外に出ていたら、タッグ行為がなくてもアウトとなっていたのです。なお、「ホームプレートを囲む土の部分」とはダートサークルの意でもあります。

Q27

2アウト一、三塁からショートバウンドの変化球を空振り。捕手は打者への触球（タッグ）をせずにベンチに戻った。その間に、走者も打者も各塁を回り、最後にホームベースを踏んだ。ここでの得点は認められる？

A 27

出題元となった試合をPLAYBACK

［高校野球・神奈川県大会準決勝］

東海大相模 6-4 横浜

（2007年7月28日　横浜スタジアム）

東 菅野ー伊藤　横 落司、浦川ー小田、鈴木

場内騒然の「振り逃げ3ラン」！

現在は巨人で活躍する菅野が、高校3年夏の県大会で記録した「振り逃げ3ラン」。打倒・横浜に燃える東海大相模・門馬監督が、空振り三振した菅野に「走れ！」と叫んで成立したプレイに、大入り満員、約3万人の観客は騒然となった。

［4回表］
2死一、三塁、菅野選手の打席

TEAM	1	2	3	4	5	6	7	8	9	計
東海大相模	0	0	0	6	0	0	0	0	0	6
横浜	0	0	0	3	0	0	1	0	0	4

解説 今回の答えの根拠となった野球規則

6.05　打者は、次の場合、アウトになる。
（b）第3ストライクと宣告された投球を、捕手が正規に捕球した場合。

［原注］“正規の捕球”ということは、まだ地面に触れていないボールが、捕手のミットの中に入っているという意味である。ボールが、捕手の着衣または用具に止まった場合は、正規の捕球ではない。また、球審に触れてはね返ったボールを捕らえた場合も同様である。チップしたボールが、最初に捕手の手またはミットに触れてから身体または用具に当たってはね返ったのを、捕手が地上に落ちる前に捕球した場合、ストライクであり、第3ストライクに当たるときは打者はアウトである。また、チップしたボールが最初に捕手の手またはミットに当たっていれば、捕手が身体または用具に手またはミットをかぶせるように捕球することも許される。

6.09　次の場合、打者は走者となる。
（b）（1）走者が一塁にいないとき、（2）走者が一塁にいても2アウトのとき、捕手が第3ストライクと宣告された投球を捕らえなかった場合。
［原注］第3ストライクと宣告されただけで、まだアウトになっていない打者が、気づかずに、一塁に向かおうとしなかった場合、その打者は”ホームプレートを囲む土の部分”を出たらただちにアウトが宣告される。

Q27

2アウト一、三塁からショートバウンドの変化球を空振り。捕手は打者への触球（タッグ）をせずにベンチに戻った。その間に、走者も打者も各塁を回り、最後にホームベースを踏んだ。ここでの得点は認められる？

1アウト一、三塁でショートライナー。一塁走者は一塁に戻りきれず、ライナーゲッツーとなったが、三塁走者はショートからの送球をファーストが捕球するよりも早くホームを踏んでいた。ただし、リタッチしてのタッチアップではない。このとき得点は入る？

1アウト一、三塁からヒットエンドランを仕掛けるもショート正面へのライナー。ショートは、飛び出した一塁ランナーを余裕で刺せると思ったのか、ゆっくりと一塁へ送球。その間、三塁走者は全力でホームに走っていました。そして、ファーストが捕球するよりも早くホームを踏んだのです。得点になるのでしょうか？

A 3アウト目より早くホームを踏んでいるので得点が入る。

B フォースの状態のため、早くホームを踏んでも得点は入らない。

C 1点入るが、全野手がファウルラインを越えたあとに、監督が「三塁走者はタッチアップではない」と抗議すれば、得点は取り消される。

難易度 ⚾⚾⚾

フォースの状態ではないため、3アウト目より早くホームを踏めば得点となる。

2012年8月13日、夏の甲子園2回戦、鳴門対済々黌でのプレイ。7回裏、済々黌が1アウト一、三塁で、ショートライナー併殺。三塁走者はリタッチせずに本塁に走ると、3アウト目の捕球よりも早く、本塁を踏んだのです。鳴門の内野手がラインを越えたあと、球審は「1点」を宣告しました。もし、ショートゴロで6→4→3の併殺であれば、三塁走者が3アウト目よりも早く本塁を踏んでも得点が入らないことはわかると思います。これは、フォースプレイだからです。

公認野球規則7.08（e）項に「打者が走者となったために、進塁の義務が生じた走者が次の塁に触れる前に、野手がその走者またはその塁に触球した場合。（このアウトはフォースアウトである）」という記述があります。済々黌の打者はライナーでアウトになった時点で、走者ではなくなります。そのため、一塁走者の進塁義務も消滅し、**フォースアウトの状態ではなくなるのです**。

4.09「得点の記録」の（a）項も見てみましょう。「3人アウトになってそのイニングが終了する前に、走者が正規に一塁、二塁、三塁、本塁に進み、かつこれに触れた場合には、その都度、1点が記録される」。フォースアウトではない場合、この項目が適用されるのです。

ただし、三塁走者はタッチアップしたわけではないため、一塁に送球したあと、三塁に送球すれば「第3アウトの置きかえ」によって得点を防ぐことができたのです。次ページで7.10の（d）項を一部掲載していますので、確認してみてください。**要約するとアピールの権利は「投手および内野手が、フェア地域を離れたときに、アピール権が消滅することとする」**とされています。

Q28

1アウト一、三塁でショートライナー。一塁走者は一塁に戻りきれず、ライナーゲッツーとなったが、三塁走者はショートからの送球をファーストが捕球するよりも早くホームを踏んでいた。ただし、リタッチしてのタッチアップではない。このとき得点は入る？

A 28

出題元となった試合をPLAYBACK

［第94回全国高校野球選手権2回戦］

鳴門 1-3 済々黌

(2012年8月13日　甲子園球場)

鳴 後藤田ー日下　済 大竹ー西口　本 西口1号

好投手の投げ合いで締まった好ゲーム

済々黌・大竹と鳴門・後藤田という好投手の投げ合い。済々黌は3回に足を絡めて先制、続く4回に本塁打で追加点。5回に鳴門に1点を返され、1点差で迎えた終盤の7回。出題元となったプレーで、貴重なダメ押し点をもぎ取った。

TEAM	1	2	3	4	5	6	7	8	9	計
鳴門	0	0	0	0	1	0	0	0	0	1
済々黌	0	0	1	1	0	0	1	0	X	3

［7回裏］
1死一、三塁の場面で、西選手の打席

Q28

1アウト一、三塁でショートライナー。一塁走者は一塁に戻りきれず、ライナーゲッツーとなったが、三塁走者はショートからの送球をファーストが捕球するよりも早くホームを踏んでいた。ただし、リタッチしてのタッチアップではない。このとき得点は入る？

解説 今回の答えの根拠となった野球規則

7.08　次の場合、走者はアウトとなる。

(e)打者が走者となったために、進塁の義務が生じた走者が次の塁に触れる前に、野手がその走者またはその塁に触球した場合。(このアウトはフォースアウトである)ただし、後位の走者がフォースプレイで先にアウトになれば、フォースの状態でなくなり前位の走者には進塁の義務がなくなるから、身体に触球されなければアウトにはならない。また、走者が塁に触れた後、余勢でオーバースライドまたはオーバーランした場合には、塁に触れた瞬間に進塁の義務を果たしたことになるから、その走者は身体に触球されなければアウトにはならない。(このアウトはフォースアウトではなく、タッグアウトである)しかし、進塁の義務を生じた走者が次塁に触れた後、どのような理由にせよ、その塁を捨ててもとの塁の方へ離れた場合は、再びフォースの状態におかれるから、野手にその身体または進塁すべき塁に触球されればその走者はアウトになる。(このアウトはフォースアウトである)

4.09　得点の記録

(a)3人アウトになってそのイニングが終了する前に、走者が正規に一塁、二塁、三塁、本塁に進み、かつ、これに触れた場合には、その都度、1点が記録される。

7.10　次の場合アピールすれば走者はアウトになる。

(d)走者が本塁に触れず、しかも本塁に触れ直そうとしないとき、本塁に触球された場合。(7・08k参照)

本項規程のアピールは、投手が打者への次の1球を投じるまで、または、たとえ投球しなくてもその前にプレイをしたりプレイをしたりプレイを企てるまでに行わなければならない。イニングの表または裏が終わったときのアピールは、守備側チームのプレーヤーが競技場を去るまでに行わなければならない。アピールは、その消滅の基準となるプレイまたはプレイの企てとはみなされない。投手がアピールのために塁に送球し、スタンドの中などボールデッドの箇所にボールを投げ込んだ場合には、同一走者に対して同一塁についてのアピールを再びすることは許されない。第3アウトが成立した後、他にアピールがあり、審判員が、そのアピールを支持した場合には、そのアピールアウトが、そのイニングにおける第3アウトとなる。また、第3アウトがアピールによって成立した後でも、守備側チームは、このアウトよりも他に有利なアピールプレイがあれば、その有利となるアピールアウトを選んで、先の第3アウトと置き換えることができる。**"守備側チームのプレーヤーが競技場を去る"とあるのは、投手および内野手がベンチまたはクラブハウスに向かうために、フェア地域を離れたことを意味する。**

1アウト一、二塁で4→6→3の併殺完成と思いきや、投球直前にレフト線審がタイムをかけていた。3アウトチェンジと信じて疑わない守備陣は、併殺を取るとすぐにベンチへ。この併殺は認められる？

同点で迎えた9回表の守り。1アウト一、二塁で、4→6→3の併殺を完成させました。喜びを爆発させてベンチに戻る守備側のチーム。ところが、レフト線審から「投球前にタイムをかけていた」との宣告があったのです。せっかくの併殺は無効になるのでしょうか。

難易度

A もう起きてしまったプレイのためタイムは無効。併殺完成となる。

B どんなときでも審判員のタイムは絶対。タイムの時点でボールデッドのため、ノーカウントとなる。

C 球審に判断がゆだねられる。球審が「タイムを認めない」と言えば、プレイは有効で併殺完成となる。

A 29

審判員がタイムを宣告すれば、球審でも線審でも有効。ボールデッドとなる。

公認野球規則2．79「タイム」——正規にプレイを停止させるための審判員の宣告であり、その宣告によってボールデッドとなる。

公認野球規則**5．10「審判員が〝タイム〟を宣告すれば、ボールデッドとなる」**

タイムに関しては、このように明記されています。ここで大事なことは、「審判員」と書いてあることです。つまりは球審だけでなく、三塁塁審や左翼線審がタイムをかければ、その時点でボールデッドとなる。その宣告が、球審にまで届いていなくても、タイムは成立するのです。

2013年8月19日、夏の甲子園準々決勝、富山第一対延岡学園の試合は8回を終えて、4対4の同点という白熱の展開でした。9回表1アウト一、三塁の勝ち越しのチャンスを迎えたのは富山第一。1点もやりたくない延岡学園は、バックホーム体勢ではなくゲッツー体勢で勝負に出ました。そこに一、二塁間の難しいゴロが飛んできましたが、セカンドが好捕すると、反時計回りで体を回転させてショートへ絶妙なスロー。4→6→3の難しい併殺を完成させたのです。

会心のプレイに笑顔を爆発させてベンチに戻った延岡学園の選手たち。ところが、ここでレフト線審から「投球前にタイムをかけていた」と宣告。投球前に三塁側ブルペンで練習をしていた投手の球が乱れ、外野へ転がっていたのです。このタイムに球審は気付きませんでした。協議の結果、併殺は無効となりノーカウント。投球直前ではありましたが、タイムをかけた時点でボールデッドということです。延岡学園はこのピンチを連続三振で切り抜け、延長11回にサヨナラ勝ちをおさめました。

Q29

1アウト一、二塁で4→6→3の併殺完成と思いきや、投球直前にレフト線審がタイムをかけていた。3アウトチェンジと信じて疑わない守備陣は、併殺を取るとすぐにベンチへ。この併殺は認められる？

A 29

出題元となった試合をPLAYBACK

[第95回全国高校野球選手権準々決勝]

富山第一 4-5 延岡学園

(2013年8月19日　甲子園球場)

富 石川、宮本—高森　延 井手、横瀬、奈須—柳瀬

控え選手のミスを先輩がフォロー

9回表の守り、延岡学園は会心のゲッツーでチェンジ!　と思いきや、味方の控え選手のキャッチボールの球がグラウンドに入り、直前にタイムがかかっていた。マウンド上の奈須は気迫の連続三振。延長11回のサヨナラ勝ちへとつなげた。

[9回表]
1死1、三塁、西田選手の打席

TEAM	1	2	3	4	5	6	7	8	9	10	11	計
富山第一	0	1	0	0	0	0	3	0	0	0	0	4
延岡学園	0	0	0	0	0	3	0	1	0	0	1x	5

Q29

1アウト一、二塁で4→6→3の併殺完成と思いきや、投球直前にレフト線審がタイムをかけていた。3アウトチェンジと信じて疑わない守備陣は、併殺を取るとすぐにベンチへ。この併殺は認められる?

解説 今回の答えの根拠となった野球規則

2.79 “TIME”「タイム」— 正規にプレイを停止させるための審判員の宣告であり、その宣告によってボールデッドとなる。

5.10 審判員が“タイム”を宣告すれば、ボールデッドとなる。次の場合、球審は“タイム”を宣告しなければならない。
(a)天候、暗さのためなどで、これ以上試合を続行するのは不可能であると球審が認めた場合
(b)ライトの故障のために、審判員がプレイを見るのに困難となるか不可能となった場合。
[注1]プレイの進行中にライトの故障が生じたとき、その瞬間完了されていないプレイは無効とする。ダブルプレイ及びトリプルプレイが行われている間に、ライトの故障が生じた場合には、たとえ最初のアウトが成立した後であっても、そのプレイは完了されたものとはみなされない。ライトが復旧したときには、ライトの故障のために無効とされたプレイが始まる前の状態から再開しなければならない。
[注2]打球、投手の投送球または野手の送球が7.05に規定される状態となったとき、および四球、死球、ボーク、捕手またはその他の野手の妨害、走塁妨害などで、走者が安全に進塁できる状態となったときにライトが消えた場合に限って、たとえ各走者の走塁が完了していなくても、そのプレイは有効となる。
[注3]プレイが行われているとき、一部のライトが消えた場合(たとえば、電圧が急に低下した場合とか、1、2基が故障を起こした場合)などには、ただちにタイムとするか、またはプレイが終了するまでボールインプレイの状態におくかは、審判員の判断で決定する。
(c)突発事故により、プレーヤーがプレイできなくなるか、あるいは審判員がその職務を果たせなくなった場合。
[付記]プレイングフィールドの外への本塁打または死球の場合のように、1個またはそれ以上の安全進塁権が認められた場合、走者が不慮の事故のために、その安全進塁権を行使することができなくなったときは、その場から控えのプレーヤーに代走させることができる。
(d)監督がプレーヤーを交代させるため、またはプレーヤーと協議するためにタイムを要求した場合。
[注]監督はプレイが行われていないときに、“タイム”を要求しなければならない。投手が投球動作に入ったときとか、走者が走っている場合などのように、プレイが始まろうとしているとき、またはプレイが行われているときには“タイム”を要求してはならない。もし、このような要求があっても、審判員は“タイム”を宣告してはならない。**なお、“タイム”が発効するのは“タイム”が要求されたときではなく、審判員が“タイム”を宣告した瞬間からである。**
(e)審判員がボールを検査する必要を認めるか、監督と打ち合わせをするためか、またはこれに準ずる理由のある場合。
(f)野手が飛球を捕らえた後、ベンチ、またはスタンド内に倒れ込んだり、ロープを越えて観衆内(観衆が競技場内まで入っているとき)に倒れ込んだ場合。走者に関しては7.04(c)の規定が適用される。野手が捕球後ベンチに踏み込んでも、倒れ込まなかったときは、ボールインプレイであるから、各走者はアウトを賭して進塁することができる。
(g)審判員がプレーヤーまたはその他の人に、競技場から去ることを命じた場合。
(h)審判員はプレイの進行中に、“タイム”を宣告してはならない。ただし、本条(b)項または(c)項の「付記」に該当するときは、この限りではない。

夏の甲子園、9回裏2アウト二塁でセンター前ヒット。ホームを狙うも、センターからの好返球でタイミングは完全にアウト。捕球した捕手が待ち構えているところに、体当たりで激突すると、捕手はボールを落としてしまった。得点は認められる？

9回裏、1点差に追い詰め、なおも2アウト二塁。センター前ヒットが飛び出ると、二塁走者は三塁を回ってホームを狙いました。しかし、タイミングは完全にアウト。走者は、捕手に向かって体当たりをすると、ミットからボールがポロリ。得点は入るのでしょうか。

難易度 ⚾⚾

A アマチュア野球においてはラフプレイとしてアウトが宣告される。

B 捕手が落球したので、どんなスライディングであってもセーフ。

C 本塁でのプレイは無効。2アウト二、三塁から再開となる。

A 30

アマチュア野球内規で
ラフプレイは
禁止されている。

アマチュア野球でもプロ野球でも適用されるのが公認野球規則です。2.44「インターフェアランス」(妨害)の(a)項には、「攻撃側の妨害――攻撃側プレーヤーがプレイしようとしている野手を妨げたり、さえぎったり、はばんだり、混乱させる行為である」と書いてあります。

加えて、アマチュア野球においては「アマチュア野球内規」という独自のルールが存在します。2013年2月に改正され、「危険防止ルール」が追加されたのです。その趣旨として、「フェアプレイの精神に則り、プレーヤーの安全を確保するため、攻撃側のプレーヤーが野手の落球を誘おうとして、あるいは触塁しようとして、意図的に野手に体当たりあるいは乱暴に接触することを禁止するものである」と明記されています。具体的な内容は次の通りです。

「1．タッグプレイのとき、野手がボールを明らかに保持している場合、走者は(たとえ走路上であっても)**野手を避ける。あるいは減速する**などして野手との接触を回避しなければならない。審判員は、1)野手との接触が避けられた 2)走者は野手の落球を誘おうとしていた 3)野手の落球を誘うため乱暴に接触した と審判員が判断すれば、その行為は故意とみなされ、たとえ野手がその接触によって落球しても、走者にはアウトが宣告される」

2013年3月30日に行われたセンバツ高校野球3回戦、県岐阜商対大阪桐蔭の9回裏に起きた走塁が内規に抵触するプレイでした。二塁走者が完全にアウトのタイミングにかかわらず、捕手に体当たりしてしまったのです。故意ではないとしても、アマチュア内規が適用されアウトが宣告されました。

Q30

夏の甲子園、9回裏2アウト二塁でセンター前ヒット。ホームを狙うも、センターからの好返球でタイミングは完全にアウト。捕球した捕手が待ち構えているところに、体当たりで激突すると、捕手はボールを落としてしまった。得点は認められる?

A 30

出題元となった試合をPLAYBACK

［第85回センバツ高校野球3回戦］

県岐阜商業 5-4 大阪桐蔭

（2013年3月30日　甲子園球場）

岐 藤田ー神山　大 網本、葛川ー久米

危険な走塁は守備妨害でアウト!

9回裏、1点を追う大阪桐蔭は2死一、二塁とチャンスを迎え、4番・福森がセンター前ヒット。本塁を狙った二塁走者は完全にアウトのタイミングながら、勢いよく捕手に激突。球審が守備妨害によるアウトを告げ、試合終了となった。

TEAM	1	2	3	4	5	6	7	8	9	計
県岐阜商業	0	4	1	0	0	0	0	0	0	5
大阪桐蔭	2	0	1	0	1	0	0	0	0	4

［9回裏］
2死一、二塁、福森選手の打席

Q30

夏の甲子園、9回裏2アウト二塁でセンター前ヒット。ホームを狙うも、センターからの好返球でタイミングは完全にアウト。捕球した捕手が待ち構えているところに、体当たりで激突すると、捕手はボールを落としてしまった。得点は認められる?

解説 今回の答えの根拠となった野球規則

2.44　INTERFERENCE「インターフェアランス」（妨害）

(a) 攻撃側の妨害——攻撃側プレーヤーがプレイをしようとしている野手を妨げたり、さえぎったり、はばんだり、混乱させる行為である。
審判員が打者、打者走者または走者に妨害によるアウトを宣告した場合には、他のすべての走者は、妨害発生の瞬間にすでに占有していたと審判員が判断する塁まで戻らなければならない。ただし、本規則で別に規定した場合を除く。

［原注］打者走者が一塁に到達しないうちに妨害が発生したときは、すべての走者は投手の投球当時に占有していた塁に戻らなければならない。

［注］本項［原注］は、プレイが介在した後に妨害が発生した場合には適用しない。

［アマチュア野球内規］危険防止（ラフプレイ禁止）ルール

本規則の趣旨は、フェアプレイの精神に則り、プレーヤーの安全を確保するため、攻撃側のプレーヤーが野手の落球を誘おうとして、あるいは触塁しようとして、意図的に野手に体当たりあるいは乱暴に接触することを禁止するものである。

1.タッグプレイのとき、野手がボールを明らかに保持している場合、走者は（たとえ走路上であっても）野手を避ける。あるいは減速するなどして野手との接触を回避しなければならない。審判員は、
1）野手との接触が避けられた　2）走者は野手の落球を誘おうとしていた　3）野手の落球を誘うため乱暴に接触した　と審判員が判断すれば、その行為は故意とみなされ、たとえ野手がその接触によって落球しても、走者にはアウトが宣告される。ただちにボールデッドとなり、すべての他の走者は妨害発生時に占有していた塁に戻る。なお、走者の行為が極めて悪質な場合は、走者は試合から除かれる場合もある。

大リーグでも２０１４年シーズンから本塁上のプレイに関して捕手を守るため走者の走塁に関して試験的に規制を設けています。２０１５年シーズンから日本でも適用されることになると予測されます。

COLUMN 3

試合に必要のないラインもある?

プロ野球12球団の本拠地を見ると、スリーフットラインと一塁ファウルラインを結ぶ線を引いていない球場が増えているように感じます。ファウルラインと平行に引かれたスリーフットライン(約14・6メートル)だけが書いてあるのです。

これには理由があります。スリーフットラインとファウルラインの接点にボールが落ちたり、転がると、フェアかファウルかわからなくなり非常に判定が難しくなります。

私は自分の足で接点を消していました。スリーフットラインとファウルラインを結ぶ、内野側の線を数センチ消しておく。これだけで、際どいゴロを判定しやすくなるのです。

ラインは判定の基準となる大事な役割をしていますが、このようにラインがあることで判定が難しくなることもあるのです。

プレーに支障をおよぼすラインもあります。それがバッタースボックスのホーム側のラインです。ワンバウンドがラインに当たると、捕手の目に石灰が入る恐れがあります。これがとても痛い。経験者しかわからないことです。

また、ナイターのときは照明の光りがラインに反射して、捕手が投球を捕りづらくなることがあります。捕手によっては「消していいですか」と球審に断りを入れたうえで、1回表から消していることもありました。

走塁編

RUNNING

QUESTION
31

走者が三塁を回ったところで、三塁ベースコーチと接触してしまった。この走者にはどのような判定がくだされる？

走者二塁でレフト前ヒット。ホームを狙った二塁走者は三塁ベースを回りましたが、三塁ベースコーチの判断は「ストップ!」。急ブレーキも間に合わず、三塁コーチと接触してしまいました。そのあとすぐに三塁ベースに戻りましたが、この「接触」はルール上、問題になるのでしょうか。

A ベースコーチの肉体的援助となり、走者がアウトとなる。

B ベースコーチの肉体的援助となり、コーチが退場となる。走者三塁から再開。

C 接触しても問題ない。

難易度 ⚾

A 31

ベースコーチの接触はルール違反。肉体的援助となり、走者がアウトとなる。

2012年8月17日に行われたオリックス対ソフトバンク戦、6回表、ソフトバンクの攻撃で三塁ベースコーチの「肉体的援助」がありました。

6回表2アウト一、二塁のチャンスで本多雄一選手の打球はレフト前へのヒット。二塁走者の柳田悠岐選手が三塁を回り、本塁を狙おうとするも、三塁ベースコーチ・井出竜也コーチの判断はストップ。三本間に飛び出して静止しようとした際に、柳田選手の体が井出コーチに接触してしまったのです。このあとすぐに柳田選手は三塁に戻りますが、三塁塁審から肉体的援助と宣告され、走者の柳田選手がアウトとなりました。

公認野球規則7.09「次の場合は、打者または走者によるインターフェアとなる。」の（h）項に、このような記述があります。

「三塁または一塁のベースコーチが、走者に触れるか、または支えるかして、走者の三塁または一塁への帰塁、あるいはそれらの離塁を、肉体的に援助したと審判員が認めた場合」

つまり、ベースコーチが自らの体を使って、走者の判断を助けることは禁止されているのです。

なお、同じく7.09（i）項には次の説明もあります。

「走者三塁のとき、ベースコーチが自己のボックスを離れて、なんらかの動作で野手の送球を誘致した場合」

ジェスチャーや声などで、野手の守備を惑わせたときも走者がアウトになるのです。

Q31

走者が三塁を回ったところで、三塁ベースコーチと接触してしまった。この走者にはどのような判定がくだされる？

A 31

Q031

走者が三塁を回ったところで、三塁ベースコーチと接触してしまった。この走者にはどのような判定がくだされる?

出題元となった試合をPLAYBACK

［パ・リーグ公式戦］

ソフトバンク 5-0 オリックス

（2012年8月17日　京セラドーム）

勝 陽1勝0敗　敗 山田0勝1敗　本 ペーニャ16、17号

オーバーランを止めたらアウト!

ソフトバンクは追加点を狙う6回、死球で出塁した柳田が、本多のレフト前ヒットで三塁をオーバーラン。止めに入った井出ベースコーチと接触、アウトとなった。ソフトバンクの先発・陽は10奪三振、無四死球でプロ初完封。うれし涙を流した。

［6回表］
2死一、二塁、柳田選手の走塁

TEAM	1	2	3	4	5	6	7	8	9	計
ソフトバンク	0	1	0	2	2	0	0	0	0	5
オリックス	0	0	0	0	0	0	0	0	0	0

解説　今回の答えの根拠となった野球規則

7.09　次の場合は、打者または走者によるインターフェアとなる。
(h)三塁または一塁のベースコーチが、走者に触れるか、または支えるかして、走者の三塁または一塁への帰塁、あるいはそれらの離塁を、肉体的に援助したと審判員が認めた場合。
(i)走者三塁のとき、ベースコーチが自己のボックスを離れて、なんらかの動作で野手の送球を誘致した場合。

QUESTION 32

プロ野球の試合中に一塁ベースコーチと三塁ベースコーチが入れ替わった。これはルール上、認められる？

試合中に、三塁ベースコーチが判断ミス。これに怒った監督が、一塁ベースコーチと三塁ベースコーチを入れ替える配置転換をしました。プロ野球の試合中に、ベースコーチが入れ替わるのは珍しいことです。ルール上は、認められているのでしょうか？

A まったく問題ない。

B 試合中に一塁三塁のベースコーチが入れ替わることは禁止されている。

C 相手チームの許可があれば可能となる。

難易度

A 32

まったく問題ない。ただし、ベンチにいるほかのコーチと替わるのは禁止。

Q32

プロ野球の試合中に一塁ベースコーチと三塁ベースコーチが入れ替わった。これはルール上、認められる?

2012年5月27日に行われたセ・パ交流戦。中日対ソフトバンク戦の試合途中に一塁ベースコーチの上田佳範コーチと、三塁ベースコーチの渡辺博幸コーチが入れ替わるという珍しいことがありました。

3回裏1アウト一、三塁から中日の和田一浩選手がレフトへの二塁打。一塁走者を三塁で止めたことに対して、高木守道監督が三塁ベースコーチの判断がよくないと感じ、入れ替わりを決めたようです。ソフトバンクのレフトは守備に難があるウィリー・モー・ペーニャ選手。それを考えれば、回してもいいという判断だったのでしょう。

ルール上は問題ないことです。ただし、ベンチにいるコーチが新たにベースコーチとして立つことは認められていません。

公認野球規則4.05にはベースコーチに関する規則が書かれています。

「(a)攻撃側チームは、攻撃期間中、2人のベースコーチ——1人は一塁近く、他は三塁近く——を所定の位置につかせなければならない」

「(b)ベースコーチは、各チーム特に指定された2人に限られ、次のことを守らなければならない」【注1】も確認しましょう。「監督が指定されたコーチに代わって、ベースコーチになることはさしつかえない」

プロ野球に関してのみ定められた規則で、試合前のメンバー交換時には2人のベースコーチも記載しているのです。【注1】にある通り、監督だけはベースコーチに立つことができます。

A 32

出題元となった試合をPLAYBACK

［セ・パ交流戦］

ソフトバンク 4-6 中日

（2012年5月27日　ナゴヤドーム）

勝 武藤1勝0敗　敗 吉川0勝1敗　S 岩瀬0勝1敗19S　本 堂上剛1号

勝利にどん欲な監督の配置転換

中日・高木監督が厳しさを見せた。3回裏、三塁の渡辺コーチの判断を不満とし、5回裏から一塁の上田コーチと配置転換。先発の山本昌は4回4失点で降板したが、つないだ武藤がプロ初勝利。中日は引き分けを挟み3連勝とした。

TEAM	1	2	3	4	5	6	7	8	9	計
ソフトバンク	2	0	0	2	0	0	0	0	0	4
中日	2	0	2	0	0	2	0	0	X	6

［5回裏］
中日の攻撃時

Q32

プロ野球の試合中に一塁ベースコーチと三塁ベースコーチが入れ替わった。
これはルール上、認められる？

解説　今回の答えの根拠となった野球規則

4.05　ベースコーチ

(a)攻撃側チームは、攻撃期間中、2人のベースコーチ―1人は一塁近く、他は三塁近く―を所定の位置につかせなければならない。

(b)ベースコーチは、各チーム特に指定された2人に限られ、次のことを守らなければならない。

(1)そのチームのユニフォームを着ること。

(2)常にコーチスボックス内にとどまること。

　ペナルティ　審判員は本項に違反したものを試合から除き、競技場から退かせる。

［原注］ここ数年、ほとんどのコーチが片足をコーチスボックスの外に出したり、ラインをまたいで立ったり、コーチスボックスのラインの外側に僅かに出ていることは、ありふれたことになっているが、コーチは、打球が自分を通過するまで、コーチスボックスを出て本塁寄りおよびフェア地域寄りに立っていてはならない。**ただし、相手チームの監督が異議を申し出ない限り、コーチスボックスの外に出ているものとはみなされない。**しかし、相手チーム監督の異議申し出があったら、審判員は、規則を厳しく適用し、両チームのコーチがすべて常にコーチスボックス内にとどまることを要求しなければならない。

　コーチが、プレーヤーに「滑れ」「進め」「戻れ」とシグナルを送るために、コーチスボックスを離れて、自分の受け持ちのベースで指図することもありふれたことになっている。このような行為はプレイを妨げない限り許される。

［注1］監督が指定されたコーチに代わって、ベースコーチとなることはさしつかえない。

［注2］アマチュア野球では、ベースコーチを必ずしも特定の2人に限る必要はない。

［注3］コーチがプレイの妨げにならない範囲で、コーチスボックスを離れて指図することは許されるが、たとえば、三塁コーチが本塁付近にまできて、得点しようとする走者に対して、「滑れ」とシグナルを送るようなことは許されない。

QUESTION 33

サヨナラホームランを打った打者がベースを回る途中に足を痛めてしまい、走れなくなった。この際、どのような処置がとられるか。

延長10回裏、代打サヨナラホームランを放った選手が一塁ベースを回った直後に足を痛めて転倒。一歩も動けなくなってしまいました。まさかの事態に、不安げな味方ベンチとスタンドのファン。このような場合、ホームランは有効となるのでしょうか。代走を出すことは可能？

A 打者走者がホームを踏めなければ、ホームランは無効となる。

B 足を痛めるまでに踏んだ塁が有効となる。一、二塁間で痛めて動かなくなった場合は、走者一塁でプレイ再開となる。

C 特別に「代走」が認められている。

難易度

このような場合は、代走が認められている。（プロ野球では高校野球のような臨時代走は認められていない）

Q33

サヨナラホームランを打った打者がベースを回る途中に足を痛めてしまい、走れなくなった。この際、どのような処置がとられるか。

ホームランを打った選手がダイヤモンドを1周しようとしている間に、足を故障して、動けなくなってしまう……。ありえないような話ですが、実際に起きたことがあります。

1991年6月18日、ナゴヤ球場で行われた中日対大洋戦でした。同点で迎えた10回裏、代打に送られた中日の彦野利勝選手が、盛田幸妃投手からレフトスタンドへ弾丸ライナーのホームラン。ところが、一塁ベースを回った直後、彦野選手が右ヒザの靭帯を痛め、その場に転倒。一歩も動けなくなってしまったのです。

このようなアクシデントの際は、代走を送ることが許されています。根拠となるのは、公認野球規則5．10の（c）です。

まず、5．10は「審判員が〝タイム〟を宣告すれば、ボールデッドとなる。次の場合、球審は〝タイム〟を宣告しなければならない」。（c）項には「突発事故により、プレーヤーがプレイできなくなるか、あるいは審判員がその職務を果たせなくなった場合」とあります。

そして、【付記】として、「プレイングフィールドの外への本塁打、または死球の場合のように、1個またはそれ以上の安全進塁権が認められた場合、走者が不慮の事故のために、その安全進塁権を行使することができなくなったときは、その場から控えのプレーヤーに代走させることができる」

この彦野選手のケースでは、山口幸司選手が代走としてホームを踏みました。彦野選手に「本塁打1」、山口選手に「得点1」が記録されます。

A 33

出題元となった試合をPLAYBACK

［セ・リーグ公式戦］

大洋 6-7 中日

（1991年6月18日　ナゴヤ球場）

勝 森田6勝1敗9S　敗 盛田0勝1敗　本 ライアル9、10号、大豊10号、中村5号、彦野3号

歓喜から悲劇のヒーローへ…！

8、9回とホームラン攻勢で同点に追いついた中日は、試合の幕切れもホームラン！　しかし、打者走者となった彦野が足を負傷。ベテランの平光球審も「覚えがない」というプロ野球では22年ぶり、セ・リーグでは初のホームラン代走が起用された。

TEAM	1	2	3	4	5	6	7	8	9	10	計
大洋	0	0	0	0	0	2	4	0	0	0	6
中日	0	0	0	1	0	1	1	1	2	1x	7

［10回裏］
2死無走者、彦野選手の打席

解説 今回の答えの根拠となった野球規則

5.10　審判員が"タイム"を宣告すれば、ボールデッドとなる。次の場合、球審は"タイム"を宣告しなければならない。

（c）突発事故により、プレーヤーがプレイできなくなるか、あるいは審判員がその職務を果たせなくなった場合。

［付記］プレイングフィールドの外への本塁打または死球の場合のように、1個またはそれ以上の安全進塁権が認められた場合、走者が、不慮の事故のために、その安全進塁権を行使することができなくなったときは、その場から控えのプレーヤーに代走させることができる。

Q33

サヨナラホームランを打った打者がベースを回る途中に足を痛めてしまい、走れなくなった。この際、どのような処置がとられるか。

QUESTION 34

レフト線への飛球に対して、一塁走者は二塁を回り、三塁を狙おうとしていた。ところが、レフトが好捕。慌てて戻ろうとした走者は二塁を踏まずに、一塁へ。「逆走」の際は、各塁を踏まなくてもいい？

難易度

1アウト一塁で、レフト線ギリギリへの飛球。一塁走者は二塁を回った時点で飛球を見ていたところ、レフトがファウルゾーンで好捕しました。一塁走者は慌てて一塁へ戻ろうとしましたが、この際、二塁ベースを踏み忘れてしまいました。ルール上、どのような判定になるでしょう。

A 塁を踏まなければいけない。審判員によってベースの踏み忘れを宣告され、アウトとなる。

B 各塁を踏まなければいけない。しかし、これは守備側のアピールプレイ。監督や選手からアピールがなければ、アウトにならない。

C 各塁を踏まなくても問題ない。

A 34

3塁から逆走するのに
2塁踏んで
なかったぜー！
ワスレテタ！
みやもと

正解は
B

二塁を踏まなければいけない。そして、守備側のアピールによってアウトが成立する。

公認野球規則7．02を見てみましょう。

「走者は進塁するにあたり、一塁、二塁、三塁、本塁の順序に従って、各塁に触れなければならない。逆走しなければならないときも、5．09の各項規定のボールデッドとなっていない限り、すべての塁を逆の順序で、再度触れて行かなければならない。前記のボールデッドの際は、途中の塁を踏まないで、直接元の塁へ帰ることはさしつかえない」

5．09とはファウルボール、デッドボール、インターフェア、ボークのときなどです。逆走が必要なときは、7．02【注2】に挙げられていますが、ここで該当するのは①の「フライが飛んでいるうちに次塁へ進んだ走者が、捕球されたのを見て帰塁しようとする場合（7．08ｄ参照）」にあたります。

2013年6月25日、ヤクルト対ＤｅＮＡ戦でこのプレイがありました。9回表1アウトで一塁走者はトニー・ブランコ選手、打者が荒波翔選手。荒波選手の当たりはレフト線ギリギリへ。ブランコ選手は二塁ベースを回ったところで飛球を見ていました。これをレフトのラスティングス・ミレッジ選手が好捕。ブランコ選手は一塁へ戻りましたが、二塁ベースを踏み忘れていたのです。

踏み忘れを見ていたサードの宮本慎也選手が、審判員にアピールし、アウトが成立しました。

アピールが必要となる理由は、公認野球規則7．10「次の場合、アピールがあれば、走者はアウトとなる」の（ｂ）項に、「ボールインプレイのとき、走者が進塁または逆走に際して各塁に触れ損ねたとき、その塁を踏み直す前に、身体あるいは触れ損ねた塁に触球された場合」とあるためです。

Q34

レフト線への飛球に対して、一塁走者は二塁を回り、三塁を狙おうとしていた。ところが、レフトが好捕。慌てて戻ろうとした走者は二塁を踏まずに、一塁へ。「逆走」の際は、各塁を踏まなくてもいい？

A 34

出題元となった試合をPLAYBACK

［セ・リーグ公式戦］

DeNA 4-7 ヤクルト

（2013年6月25日　神宮球場）

勝 村中4勝5敗　敗 三嶋2勝3敗　S 山本哲0勝2敗9S　本 ミレッジ7号、川島2号

ベテラン・宮本が攻守に大活躍!

5、6位チームによる対戦は、6位のヤクルトが意地を見せて勝利した。ベテランの宮本は、打つ方でもタイムリーを放つなど3打点をあげてチームを牽引。主砲・バレンティンが歩かされて塁上にいる場面、きっちり結果を残してみせた。

［9回表］
1死一塁、荒波選手の打席

TEAM	1	2	3	4	5	6	7	8	9	計
DeNA	0	1	1	0	1	0	0	1	0	4
ヤクルト	2	0	3	0	1	0	0	1	X	7

Q34

レフト線への飛球に対して、一塁走者は二塁を回り、三塁を狙おうとしていた。ところが、レフトが好捕。慌てて戻ろうとした走者は二塁を踏まずに、一塁へ。「逆走」の際は、各塁を踏まなくてもいい？

解説 今回の答えの根拠となった野球規則

7.02　走者は進塁するに当たり、一塁、二塁、三塁、本塁の順序に従って、各塁に触れなければならない。逆走しなければならないときも、5.09の各項規定のボールデッドとなっていない限り、すべての塁を逆の順序で、再度触れて行かなければならない。前記のボールデッドの際は、途中の塁を踏まないで、直接元の塁へ帰ることはさしつかえない。

［注1］ボールインプレイ中に起きた行為（例えば悪送球、ホームランまたは柵外に出たフェアヒットなど）の結果、安全進塁権が認められたときでも、走者が、進塁または逆走するにあたっては、各塁を正規に触れなければならない。

［注2］"逆走しなければならないとき"というのは、

①フライが飛んでいるうちに次塁へ進んだ走者が、捕球されたのを見て帰塁しようとする場合（7.08d参照）

②塁を空過した走者が、その塁を踏み直す場合（7.10b参照）

③自分より前位の走者に先んじるおそれがある場合（7.08h参照）

を指すものであって、このようなときでも、逆の順序で各塁に触れなければならない。

7.10　次の場合、アピールすれば、走者はアウトになる。

（b）ボールインプレイのとき、走者が進塁または逆走に際して各塁に触れ損ねたとき、その塁を踏み直す前に、身体あるいは触れ損ねた塁に触球された場合。（7.02参照）

［付記］塁を空過した走者は、

（1）後位の走者が得点してしまえば、その空過した塁を踏み直すことは許されない。

（2）ボールデッドのもとでは、空過した塁の次の塁に達すれば、その空過した塁を踏む直すことは許されない。

［原注］

例：打者が競技場の外へ本塁打を打つかスタンドに入る二塁打を打って一塁を空過した（ボールデッド）。一打者は二塁に触れる前ならば、誤りを正すために一塁に帰ることはできる。しかし、二塁に触れてしまうと、一塁に戻ることができない。守備側がアピールすれば、一塁でアウトが宣告される。

例：打者が遊撃手にゴロを打ち、遊撃手はスタンドに飛び込む悪送球をした（ボールデッド）。一打者は一塁を空過したが、悪送球によって二塁が与えられた。打者走者は、審判員によって二塁が与えられても、二塁に進む前に一塁に触れなければならない。

いずれもアピールプレイである。

［注1］本項［付記］（1）は、ボールインプレイとボールデッドとを問わず適用される。

［注2］本項［付記］の場合、塁を空過した走者は、アピールがなければアウトにならない。

［注3］本塁を空過した走者は、ボールデッドのもとでは、投手が新しいボールか、元のボールを持って正規に投手版に位置すれば、本塁を踏み直すことは許されない。

［注4］本項［付記］は、飛球が捕らえられたときのリタッチが早かった走者にも適用される。

QUESTION 35

三塁を狙った走者を刺すために、捕手が三塁に送球するも、ショート寄りに逸れてしまった。サードは横っ飛びで捕りにいくも捕球できず、送球はレフトへ。走者が本塁を狙いにいこうとしたところ、サードと接触してバランスを崩した。レフトからの好返球でホームは完全にアウトのタイミング。判定はどうなる？

1アウト二、三塁でセカンドゴロ。三塁走者をホームでアウトにすると、送球間で三塁を狙った二塁走者を刺すために捕手が三塁へ。この送球がレフトへ抜け、走者がホームを狙おうとした瞬間、サードと接触しました。レフトからの好返球で本塁はアウトのタイミングでしたが、判定は？

難易度

A サードとの接触が走塁妨害と見なされ、セーフとなる。

B サードは故意ではなかったため走塁妨害とはならない。アウトとなる。

C サードと接触した時点でボールデッドとなり、走者三塁で再開される。

A 35

走塁妨害と判定され、ホームインが認められる。

Q35

三塁を狙った走者を刺すために、捕手が三塁に送球するも、ショート寄りに逸れてしまった。サードは横っ飛びで捕りにいくも捕球できず、送球はレフトへ。走者が本塁を狙いにいこうとしたところ、サードと接触してバランスを崩した。レフトからの好返球でホームは完全にアウトのタイミング。判定はどうなる？

２０１３年10月26日、大リーグのワールドシリーズ第３戦、カージナルス対レッドソックス戦で起きたプレイです。同点で迎えたレッドソックスの守り。９回裏１アウト二、三塁、セカンドゴロでホームに突っ込んできた三塁走者をアウトにしたあと、問題のプレイが生まれました。

送球間に三塁を狙った二塁走者、アレン・クレイグ選手を見て、ジャロッド・サルタラマッキア捕手が三塁へ送球。この送球が逸れたため、サードのウィル・ミドルブルックス選手は飛びついて捕りにいきましたが、送球はレフトへ。クレイグ選手が本塁を狙おうとした際に、倒れていたミドルブルックス選手につまずいたのです。

公認野球規則2．51「オブストラクション」（走塁妨害）の項には「野手がボールを持たないときか、あるいはボールを処理する行為をしていないときに、走者の走塁を妨げる行為である」とあります。ミドルブルックス選手はこの状態であることがわかるはずです。

また、この状況では7．06（b）項が適用されます。「（前略）審判員はプレイが終了したのを見届けた後に、初めて〝タイム〟を宣告し、必要とあれば、その判断で走塁妨害によってうけた走者の不利益を取り除くように適宜な処置をとる」。試合後、審判員は「野手がボールを捕ろうという動きではない状況で走者の進塁を妨害すると走塁妨害。故意であろうがなかろうが、関係のないこと」と説明しています。

A35

出題元となった試合をPLAYBACK

［大リーグ・ワールドシリーズ］

レッドソックス 4-5 カージナルス

（2013年10月26日　ブッシュ・スタジアム）

勝 ローゼンタル1勝0敗　敗 ワークマン0勝1敗

完全アウトも走塁妨害でサヨナラ

1勝1敗で迎えた第3戦。9回裏1死一塁から登板した上原が、最後の場面でレッドソックスのマウンドにいた。カージナルスの二塁走者・クレイグは完全にアウトのタイミングも、走塁妨害でセーフ。レッドソックスには悪夢の幕切れとなった。

TEAM	1	2	3	4	5	6	7	8	9	計
レッドソックス	0	0	0	0	1	1	0	2	0	4
カージナルス	2	0	0	0	0	0	2	0	1x	5

［9回裏］
1死二、三塁、ジェイ選手の打席

解説 今回の答えの根拠となった野球規則

2.51　OBSTRUCTION「オブストラクション」（走塁妨害）

野手がボールを持たないときか、あるいはボールを処理する行為をしていないときに、走者の走塁を妨げる行為である。（7.06a、b）

［原注］本項でいう"野手がボールを処理する行為をしている"とは、野手がまさに送球を捕ろうとしているか、送球が直接野手に向かってきており、しかも十分近くにきていて、野手がこれを受け止めるにふさわしい位置を占めなければならなくなった状態をいう。これは、一に審判員の判断に基づくものである。野手がボールを処理しようとして失敗した後は、もはやボールを処理している野手とはみなされない。たとえば、野手がゴロを捕ろうとしてとびついたが捕球できなかった。ボールは通り過ぎていったのにもかかわらずグラウンドに横たわったままでいたので、走者の走塁を遅らせたような場合、その野手は走塁妨害をしたことになる。

7.06　オブストラクションが生じたときには、審判員は"オブストラクション"を宣告するか、またはそのシグナルをしなければならない。

(b) 走塁を妨げられた走者に対してプレイが行われていなかった場合には、すべてのプレイが終了するまで試合は続けられる。審判員はプレイが終了したのを見届けた後に、初めて"タイム"を宣告し、必要とあれば、その判断で走塁妨害によってうけた走者の不利益を取り除くように適宜な処置をとる。

［原注］本項規定のようにオブストラクションによってボールデッドとならない場合、走塁を妨げられた走者が、オブストラクションによって与えようと審判員が判断した塁よりも余分に進んだ場合は、オブストラクションによる安全進塁権はなくなり、アウトを賭して進塁したこととなり、触球されればアウトになる。このアウトは、審判員の判断に基づく裁定である。

［注1］例えば走者二塁のとき打者が左前安打した。左翼手は本塁をうかがった二塁走者をアウトにしようと本塁へ送球した。打者走者は一塁を越えたところで一塁手にぶつかったので、審判員は"オブストラクション"のシグナルをした。左翼手の本塁への送球は捕手の頭上を越す悪送球となったので、二塁走者は、やすやすと得点することができた。オブストラクションを受けた打者走者は、ボールが転じているの見て二塁を越え、三塁をうかがったところ、ボールを拾った投手からの送球を受け三塁手に三塁到達前に触球されたような場合、審判員が、打者走者にはオブストラクションによって二塁しか与えることができないと判断したときには、三塁でのアウトは認められる。これに反して、打者走者が三塁手の触球をかいくぐって三塁に生きたような場合、その三塁の占有は認められる。いずれの場合も、二塁走者の得点は認められる。

［注2］たとえば、打者が三塁打と思われるような長打を放ち、一塁を空過した後、二塁を経て三塁に進もうとしたとき、遊撃手に妨げられて三塁へ進むことができなかったような場合、審判員は、この反則の走塁を考慮することなく、妨害がなければ達したと思われる三塁へ進めるべきである。もし野手が打者の一塁空過を知ってアピールすれば、その打者はアウトになる。走塁の失敗はオブストラクションとはなんら関係がないからである。

三塁を狙った走者を刺すために、捕手が三塁に送球するも、ショート寄りに逸れてしまった。サードは横っ飛びで捕りにいくも捕球できず、送球はレフトへ。走者が本塁を狙いにいこうとしたところ、サードと接触してバランスを崩した。レフトからの好返球でホームは完全にアウトのタイミング。判定はどうなる？

高校野球での出来事。頭部に死球を受けた投手に代わって臨時代走が入ると、二塁に進んだあと臨時代走に代走を送った。正式に交代となるのは誰？

頭部に死球を受けたエースに代わって、投手からもっとも打順が遠い野手が臨時代走に入りました。そして、二塁に進んだあと、監督は臨時代走に代走を告げたのです。臨時代走に代走？　何だかややこしい交代ですが、次のイニングからベンチに退くのは誰でしょうか。

A 死球を受けた投手が交代。もう試合には出られない。

B 臨時代走の選手が交代となる。

C 投手か臨時代走の選手か、どちらを試合から下げるか、監督に決定権がある。

難易度

A 36

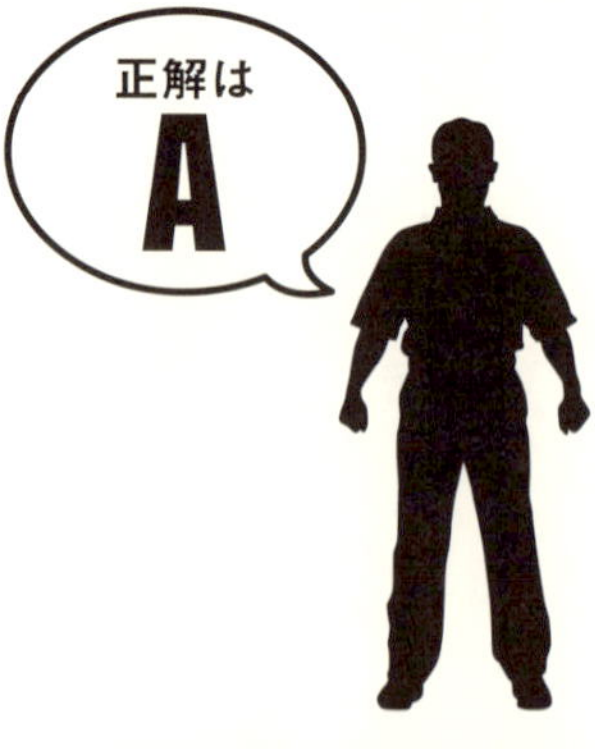

臨時代走はあくまでも「臨時」。本来その打順にいた投手が交代となる。

Q36

高校野球での出来事。頭部に死球を受けた投手に代わって臨時代走が入ると、二塁に進んだあと臨時代走に代走を送った。正式に交代となるのは誰？

ベンチ入り人数が限られていて、かつ迅速な試合進行が求められる高校野球では臨時代走が認められています。以下、**高校野球特別規則**に明示されている内容です。

「試合中、攻撃側選手に不慮の事故などが起き、一時走者を代えないと試合の中断が長引くと審判員が判断したときは、相手チームに事情を説明し、臨時の代走者を許可することができる。**この代走者は試合に出場している選手に限られ**、チームに指名権はない」

そして、今回のポイントとなるのが次の文言です。

「臨時代走者に替えて別の代走を送ることはできる。この場合、負傷した選手に代走が起用されたことになり、負傷選手は以降出場できない」

「打者が死球などで負傷した場合、投手と捕手を除いた選手のうち、打撃を完了した直後の者とする」

2011年夏の甲子園2回戦、海星対東洋大姫路でこの規則が適用されることになりました。東洋大姫路が1対0のリードで迎えた7回裏、1アウトからエース投手が頭部に死球を受け、臨時代走にひとつ前の打者が送られました。そして、二塁に進んだあと、臨時代走に代走が告げられたのです。この時点で、エースは試合から退かなければいけません。試合後、東洋大姫路の藤田明彦監督は「えらいことをやってしまった。私も久しぶりで頭が飛んでいて…。初めて選手に頭を下げました」と、自分自身の采配ミスを認めていました。

A 36

出題元となった試合をPLAYBACK

［第93回全国高校野球選手権2回戦］

海星 0-4 東洋大姫路

（2011年8月11日　甲子園球場）

海 牧瀬、永江－平湯、浜村　東 原、岩谷－後藤田　本 後藤田1号

監督のミスを選手全員でフォロー

1対0の緊迫した展開、東洋大姫路・藤田監督のミスで、7回3安打無失点のエース・原が降板することに。原は三塁ベースコーチとしてグラウンドに出てチームを鼓舞。リリーフの岩谷が踏ん張り、女房役の後藤田が高校初本塁打を放ち、勝利を収めた。

TEAM	1	2	3	4	5	6	7	8	9	計
海星	0	0	0	0	0	0	0	0	0	0
東洋大姫路	0	0	0	1	0	0	0	3	X	4

［7回裏］
1死二塁の場面

Q36

高校野球での出来事。頭部に死球を受けた投手に代わって臨時代走が入ると、二塁に進んだあと臨時代走に代走を送った。正式に交代となるのは誰？

解説　今回の答えの根拠となった野球規則

［高校野球特別規則］
6.臨時の代走者

試合中、攻撃側選手に不慮の事故などが起き、一時走者を代えないと試合の中断が長引くと審判員が判断したときは、相手チームに事情を説明し、臨時の代走者を許可することができる。この代走者は試合に出場している選手に限られ、チームに指名権はない。

・臨時代走はその代走者がアウトになるか、得点するか、またはイニングが終了するまで継続する。

・臨時代走者に替えて別の代走を送ることはできる。この場合、負傷した選手に代走が起用されたことになり、負傷選手は以降出場できない。

・打者が死球などで負傷した場合

・投手と捕手を除いた選手のうち、打撃を完了した直後の者とする。

・塁上の走者が負傷した場合

投手と捕手を除いた選手のうち、その時の打者を除く打撃を完了した直後の者とする。

（参考）

臨時代走者の記録上の取り扱いは、盗塁、得点、残塁などすべてもとの走者の記録と扱われる。（規則3.04［原注］）
http://www.jhbf.or.jp/rule/specialrule/06.html

COLUMN 4

「ストライク」の本当の意味

公認野球規則2．74にストライクゾーンの定義が書いてあります。

「打者の肩の上部とユニフォームのズボンの上部との中間点に引いた水平のラインを上限とし、ひざ頭の下部のラインを下限とする本塁上の空間をいう。このストライクゾーンは打者が投球を打つための姿勢で決定されるべきである」

確かに、この言葉のとおりなのですが、もともとのストライクの意味は「打てる球だから打ちなさい」です。ルール上のストライクゾーンはあくまでも目安。

アメリカではこのストライクの意味が、小さいときからしっかりと教えられています。ファーストストライクから積極的に振っていくのは、このあたりの教えが生きているからでしょう。

アメリカのベースボールと日本の野球で根本的に違うのは、打つことから始まっているベースボールと、守りから始まっている野球です。「0点に抑えれば負けない」とも言いますが、得点を取らなければ勝つことはできません。公認野球規則1．02には「各チームは、相手チームより多くの得点を記録して、勝つことを目的とする」と明記されています。

記録編
RECORD

QUESTION 37

5点リードで迎えた7回裏1アウト一、三塁から一塁走者が盗塁。点差が開いていることもあり、ファーストは一塁に着いていなかった。捕手も二塁へ送球せず、楽々セーフ。このとき、記録はどうなる？

5点リードで迎えた7回裏1アウト一、三塁のチャンス。一塁走者は、チャンスを広げようとして、二塁盗塁を試みました。このときファーストは一塁を空けており、二遊間も二塁ベースに入る気配がありませんでした。そのため、余裕でセーフ。この盗塁は認められるのでしょうか？

A 一塁走者の盗塁となる。

B 捕手の失策となる。

C 公式記録員の判断となり、捕手の野手選択（フィルダースチョイス）となる。

難易度

A 37

盗塁は認められず、捕手にFCが記録される。

このような場面での盗塁は、プロ野球においては「盗塁」として記録されません。意外に思われるかもしれませんが、盗塁について記した公認野球規則10．07（g）項に記述があります。「走者が盗塁を企てた場合、これに対して守備側チームがなんらの守備行為を示さず、無関心であるときは、その走者には盗塁を記録しないで、野手選択による進塁と記録する」

そして、【原注】には「守備側が無関心だったかどうかを判断するにあたって、次のような状況を全体的に考慮しなければならない――イニング、スコア、守備側チームが走者を塁に留めようとしていたかどうか、投手が走者に対しピックオフプレイを試みたかどうか、盗塁の企てに対して通常は塁に入るべき野手が塁に入る動きをしたかどうか、守備側チームが走者の進塁にこだわらない正当な戦術的動機があったかどうか、守備側チームが走者に盗塁を記録されるのを強くはばもうとしたかどうか」とあるのです。

じつは大リーグでは以前から「大量得点差での盗塁はタブー」とされていましたが、日本のプロ野球ではそこまで神経質になっていませんでした。それが**2008年に規則が改正され**、大リーグと同じ考えで判断するようになったのです。

このプレイは、2010年6月4日の阪神対オリックス戦で起こりました。阪神が5点をリードして迎えた7回裏1アウト一、三塁から、ファーストがベースに着いていない状態で、代走の藤川俊介選手が盗塁をしたのです。このときは、捕手に野手選択が記録されました。

Q37

5点リードで迎えた7回裏1アウト一、三塁から一塁走者が盗塁。点差が開いていることもあり、ファーストは一塁に着いていなかった。捕手も二塁へ送球せず、楽々セーフ。このとき、記録はどうなる？

A 37

出題元となった試合をPLAYBACK

［セ・パ交流戦］

オリックス 2-6 阪神

（2010年6月4日　甲子園球場）

勝 下柳3勝4敗　敗 小松3勝3敗

相手監督を激怒させた幻の盗塁

プロ20年目、42歳の下柳が、7回4安打無得点の好投をみせて阪神が快勝。しかし、5点差をつけられ白旗を揚げた場面での藤川俊の「盗塁」に、オリックス・岡田監督は激怒。ベテラン左腕の勝利より、この件を大きく報じたスポーツ新聞もあった。

TEAM	1	2	3	4	5	6	7	8	9	計
オリックス	0	0	0	0	0	0	0	1	1	2
阪神	0	0	0	2	1	1	2	0	X	6

［7回裏］
1死一、三塁、藤川俊選手の走塁

Q37

5点リードで迎えた7回裏1アウト一、三塁から一塁走者が盗塁。点差が開いていることもあり、ファーストは一塁に着いていなかった。捕手も二塁へ送球せず、楽々セーフ。このとき、記録はどうなる？

解説 今回の答えの根拠となった野球規則

10.07　盗塁

　走者が安打、刺殺、失策、封殺、野手選択、捕逸、暴投、ボークによらないで、1個の塁を進んだときには、その走者に盗塁を記録する。

(g)走者が盗塁を企てた場合、これに対して守備側チームがなんらの守備行為を示さず、無関心であるときは、その走者には盗塁を記録しないで、野手選択による進塁と記録する。

［原注］守備側が無関心だったかどうかを判断するに当たって、次のような状況を全体的に考慮しなければならない。―イニング、スコア、守備側チームが走者を塁に留めようとしていたかどうか、投手が走者に対しピックオフプレイを試みたかどうか、盗塁の企てに対して通常は塁に入るべき野手が塁に入る動きをしたかどうか、守備側チームが走者の進塁にこだわらない正当な戦術的動機があったかどうか、守備側チームが走者に盗塁が記録されるのを強くはばもうとしたかどうか。たとえば、走者一・三塁で、一塁走者が二塁を奪おうとした場合、もし、守備側に正当な戦術的動機があった――すなわち、二塁への送球の間に三塁走者が本塁へ突入するのを防ぐため、一塁走者の進塁にはこだわらなかった――と記録員が判断すれば、通常は盗塁を与えるべきである。また、たとえば、盗塁を記録されることによって、守備側チームのプレーヤーのリーグ盗塁記録、通常盗塁記録、リーグ盗塁王タイトルが危うくなる場合には、守備側チームは盗塁が記録されるのを強くはばもうとしていると判断してよい。

一塁けん制に引っかかった走者が、相手守備のミスで一塁に生き残った。その後、再びけん制におびきだされ、二塁ベース手前でタッチアウト。この走者にはどのような記録がつく？

一塁走者が盗塁のスタートを切るも、投手は本塁に投げずにけん制球。一、二塁間で挟まれた走者でしたが、セカンドの悪送球で一塁に生き残りました。そして、別打者のときに再びけん制に引っかかり、今度は二塁ベース手前でアウト。この走者への記録はどうなるでしょう。

A 走塁死と盗塁刺が1つずつ付く。

B 2つの盗塁刺が付く。

C 1つの盗塁刺が付く。

難易度

A 38

2つの盗塁刺が付く。

Q38

一塁けん制に引っかかった走者が、相手守備のミスで一塁に生き残った。その後、再びけん制におびきだされ、二塁ベース手前でタッチアウト。この走者にはどのような記録がつく？

2012年3月31日の日本ハム対西武戦でプロ野球史上初の記録が生まれました。西武の中島裕之選手が1イニングに2度の「盗塁刺」を記録したのです。3回表、まず1アウトで打者・中村剛也選手のときに一塁走者の中島選手が盗塁を仕掛けようとしましたが、武田勝投手のけん制に引っかかり挟殺プレイに。ここで、セカンドの田中賢介選手の送球が、一塁へ戻ろうとした中島選手の背中に当たり、田中選手には失策が記録されました。ここで、中島選手にも「盗塁刺」が記録されたのです。そして、2アウトから再びけん制にひっかかり、二塁ベース手前でアウト。これまた「盗塁刺」となりました。

盗塁刺については公認野球規則10．07（h）項に書かれています。

「次に該当する走者が、アウトになるか、失策によってアウトを免れたと記録員が判断した場合にはその走者に盗塁刺を記録する。すなわち、（1）盗塁を企てた走者（2）塁を追い出されたために次塁へ進もうとした走者（元の塁に戻ろうとした後に次塁へ進もうとした走者も含む）（3）盗塁を企ててオーバースライドした走者がそれである」

つまりは、守備陣の失策によってアウトにならなかったとしても「盗塁刺」が記録されるわけです。

なお【注2】には「塁を追い出された走者が、元の塁に戻ろうとしてアウトになるか、失策によってアウトを免れた場合には、その走者に盗塁刺を記録しない」とあります。最初のプレイはこれに該当しそうですが、記録員が「盗塁を企てた」と判断し10．07（h）（1）が適用されたと推測できます。

A 38

出題元となった試合をPLAYBACK

［パ・リーグ公式戦］

西武 3-4 日本ハム

（2012年3月31日　札幌ドーム）

勝 増井1勝0敗　敗 ゴンザレス0勝1敗　本 田中1号

開幕2戦目にあった史上初の珍記録

本拠地で開幕を迎えた日本ハムが2連勝。栗山新監督の采配がピタリと当たり、最後は主将・田中がサヨナラ打。西武の中島は2試合連続の複数安打も、史上初となる1イニング2盗塁刺。試合後「記録は知りませんでした」とコメントした。

［3回表］
1死一塁、中島選手の走塁

TEAM	1	2	3	4	5	6	7	8	9	計
西武	2	0	0	0	1	0	0	0	0	3
日本ハム	0	1	0	0	0	0	1	0	2x	4

Q38

一塁けん制に引っかかった走者が、相手守備のミスで一塁に生き残った。その後、再びけん制におびきだされ、二塁ベース手前でタッチアウト。この走者にはどのような記録がつく？

解説 今回の答えの根拠となった野球規則

10.07　盗塁刺

(h)次に該当する走者が、アウトになるか、失策によってアウトを免れたと記録員が判断した場合にはその走者に盗塁刺を記録する。

すなわち、

(1)盗塁を企てた走者

(2)塁を追い出されたために次塁へ進もうとした走者（元の塁に戻ろうとした後に次塁へ進もうとした走者も含む）

(3)盗塁を企ててオーバースライドした走者がそれである。

［原注］捕手が投球をそらしたのを見て走り出した走者が、アウトになるか、失策によってアウトを免れたときは、その走者に盗塁刺を記録しない。

走者がオブストラクションによって1個の塁を与えられた場合、あるいは打者によるインターフェアによって走者がアウトを宣告された場合は、その走者に盗塁刺を記録しない。

走者がたとえセーフになっていたとしても盗塁が記録されないような場合（たとえば、捕手が投球をそらしたのを見て走り出した走者がアウトになった場合）では、その走者に盗塁刺を記録しない。

［注1］本項は、前記の走者が走塁をはじめたとき、次塁に走者がいなかった場合、または走者がいてもその走者も盗塁を企てていた場合だけに適用される。

［注2］塁を追い出された走者が、元の塁に戻ろうとしてアウトになるか、失策によってアウトを免れた場合には、その走者に盗塁刺を記録しない。

1974年8月での試合でのこと、先発投手が勝利投手の権利を持った状態で6回途中まで投げ切ったあと、サードの守備につくと、セーブが付く状況で再びマウンドへ。そして9回まで締め、勝利を手にした。この投手にはどのような記録が付く？

先発投手が6回裏途中まで無失点の好投を見せていましたが、相性の悪い左打者を迎えた場面で、左のワンポイントを投入。先発投手はいったんサードに入り、打者一人を終えたところで、再びマウンドに上がりました。そして9回まで好投。投手に付く記録は何でしょうか？

A 勝利とセーブの両方が付く。

B 「勝利」に優先権があり、勝利のみでセーブはつかない。

C 投手の選択で、どちらかを選ぶことができる。

難易度

A 39

1974年時点では勝利とセーブの両方が付いた。

Q39

1974年8月での試合でのこと、先発投手が勝利投手の権利を持った状態で6回途中まで投げ切ったあと、サードの守備につくと、セーブが付く状況で再びマウンドへ。そして9回まで締め、勝利を手にした。この投手にはどのような記録が付く？

1974年8月18日に、現在のプロ野球界では絶対に起こりえない記録が生まれています。

近鉄対日本ハム戦で、日本ハムのアンダースロー・高橋直樹投手が1試合で「勝利投手」と「セーブ」の両方を手にしたのです。先発した高橋投手は6回途中まで無失点と好投も、苦手とする4番、クラレンス・ジョーンズ選手に対しては、カウント2ボール。そこでベンチは左腕・中原勇投手を送り、高橋投手はサードへ。中原投手が四球を与えたところで、再び高橋投手が登板。9回にジョーンズ選手にソロホームランを打たれましたが、常にリードを保ったまま、1失点で投げ終え勝利したのです。

先発投手の「勝利」については、公認野球規則10．17（b）に詳しく書いてあります。

「先発投手は、次の回数を完了しなければ勝投手の記録は与えられない」

（1）勝チームの守備が6回以上の試合では5回。

そして、「セーブ」については、10．19に記載されています。

「次の4項目のすべてを満たした投手には、セーブの記録を与える。（a）自チームが勝を得た試合の最後を投げ切った投手　（b）勝投手の記録を得なかった投手　（c）最低3分の1の投球回が記録された投手　（d）次の各項目のいずれかに該当する投手」。各項目の（3）に「最低3イニング投球した場合」とあるのです。よって、高橋投手には勝利投手とセーブの両方が付きました。

じつは、（b）の規則は1975年から追加された項目になります。高橋投手のこの日の登板によって、さすがに勝利投手とセーブが付くのはおかしいとなり、規則が改正されたのです。

A 39

Q39

1974年8月での試合でのこと、先発投手が勝利投手の権利を持った状態で6回途中まで投げ切ったあと、サードの守備につくと、セーブが付く状況で再びマウンドへ。そして9回まで締め、勝利を手にした。この投手にはどのような記録が付く？

出題元となった試合をPLAYBACK

［パ・リーグ公式戦］

日本ハム 2-1 近鉄

（1974年8月18日　日生球場）

勝 高橋直6勝7敗3S　敗 太田幸7勝12敗2S　S 高橋直6勝7敗3S　本 ジョーンズ31号

公式記録員が認めた勝利&セーブ

日本ハムが、大下の三塁打による2点を守って勝利。先発した高橋直は、6回裏、2死一塁の場面で、ワンポイントリリーフを受け三塁守備へ。再びマウンドへ戻り9回まで投げた。中沢公式記録員の見解により、勝利とセーブ両方がついた。

TEAM	1	2	3	4	5	6	7	8	9	計
日本ハム	0	0	2	0	0	0	0	0	0	2
近鉄	0	0	0	0	0	0	0	0	1	1

［6回裏］
2死一塁、ジョーンズ選手の打席

解説 今回の答えの根拠となった野球規則

10.17　勝投手、敗投手の決定
(b)先発投手は、次の回数を完了しなければ勝投手の記録は与えられない。
(1)勝チームの守備が6回以上の試合では5回。
(2)勝チームの守備が5回(6回未満)の試合では4回。
　先発投手が本項を満たさないために救援投手に勝投手の記録が与えられる場合は、救援投手が1人だけであればその投手に、2人以上の救援投手が出場したのであれば、勝利をもたらすのに最も効果的な投球を行ったと記録員が判断した1人の救援投手に、勝投手の記録を与える。

10.19　セーブは、本条規定により、救援投手に与えられる記録である。
次の4項目のすべてを満たした投手には、セーブの記録を与える。
(a)自チームが勝を得た試合の最後を投げ切った投手。
(b)勝投手の記録を得なかった投手。
(c)最低3分の1の投球回が記録された投手。
(d)次の各項目のいずれかに該当する投手。
(1)自チームが3点のリードのときに出場して、しかも最低1イニングを投げた場合。
(2)塁上に走者が残しているとき、相対する打者か、または、相対する打者およびその次打者が得点すれば、タイとなる状況のもとで出場してリードを守り切った場合。
(3)最低3イニング投球した場合。

RECORD

記録編

QUESTION 40

6回表途中に雨が激しくなり、降雨コールドゲーム。試合は7対1で後攻チームが勝利した。先発投手が4回、2番手が1回を投げ抜いたが、このようなとき勝利投手はどちらになる？

天候が心配される中で始まった試合は、6回表に雨が激しくなり、試合続行不可能。降雨コールドゲームとなりました。後攻チームが7対1で勝利。投手は常にリードを保ったまま、先発が4回、2番手が1回を投げ抜きました。勝利投手の記録はどうなるでしょうか。

A 先発投手に付く。

B 2番手投手に付く。

C どちらが好投したか、公式記録員の判断によって勝利投手が決まる。

難易度

A 40

ばんざーーい
4回までしか投げてないのに…。
12345678
勝利投手
おたちだい
※6回降雨コールドゲーム

正解は
A

**6回未満の試合では
4回を投げ切れば勝利投手
の権利をもらえる。**

Q40

6回表途中に雨が激しくなり、降雨コールドゲーム。試合は7対1で後攻チームが勝利した。先発投手が4回、二番手が1回を投げ抜いたが、このようなとき勝利投手はどちらになる？

前項に続いて、「勝利投手」がテーマです。

まずは公認野球規則10．17「勝投手、敗投手の決定」から見てみましょう。

「（a）ある投手の任務中、あるいは代打者または代走者と代わって退いた回に、自チームがリードを奪い、しかもそのリードが最後まで保たれた場合、その投手に勝投手の記録が与えられる。ただし、次の場合はこの限りではない。

（1）その投手が先発投手で、10．17（b）が適用された場合。

（2）10．17（c）が適用された場合。

【原注】試合の途中どこででも同点になれば、勝投手の決定に関しては、そのときから新たに試合が始まったものとして扱う」

10．17（b）とは、前項で紹介した（1）に加えて、（2）があります。

「（2）勝チームの守備が5回（6回未満）の試合では4回」

このケースに該当する試合が、2000年8月22日にありました。オリックス対日本ハムの試合で、日本ハムが7対1とリードした6回表の守備中に降雨コールドゲームとなったのです。日本ハムは先発の関根裕之投手が4回1失点、5回からは高橋憲投手がマウンドに上がっていました。

試合は6回未満で終わっていますから、10．17（b）項の適用により、勝利投手は関根投手になります。もし、6回表の守備を終えていたら、勝利投手は別の投手になっていたわけです。

Q40

6回表途中に雨が激しくなり、降雨コールドゲーム。試合は7対1で後攻チームが勝利した。先発投手が4回、二番手が1回を投げ抜いたが、このようなとき勝利投手はどちらになる？

A40

出題元となった試合をPLAYBACK

［パ・リーグ公式戦］

日本ハム 7-1 オリックス

（2000年8月22日　富山市民球場）

勝 関根8勝4敗　敗 戎5勝1敗

4回降板も110球の粘投で勝利投手

豪雨と雷により2度の中断の末、コールドゲームとなった一戦。日本ハムの先発・関根はぬかるんだマウンドで110球を投げ、右ふくらはぎをつって4回で降板した。5安打1失点の粘投が報われての勝利に、「アウトを取るのに苦労した」と話した。

［6回表］
無死無走者の場面

※6回裏無死無走者降雨コールドゲーム

TEAM	1	2	3	4	5	6	7	8	9	計
日本ハム	1	0	2	0	4	0x				7
オリックス	0	0	1	0	0					1

解説 今回の答えの根拠となった野球規則

10.17　勝投手、敗投手の決定

(a)ある投手の任務中、あるいは代打者または代走者と代わって退いた回に、自チームがリードを奪い、しかもそのリードが最後まで保たれた場合、その投手に勝投手の記録が与えられる。

ただし、次の場合はこの限りではない。
(1)その投手が先発投手で、10.17(b)が適用された場合。
(2)10.17(c)が適用された場合。

［原注］試合の途中どこででも同点になれば、勝投手の決定に関しては、そのときから新たに試合が始まったものとして扱う。

相手チームが一度リードしたならば、その間に投球した投手はすべて勝投手の決定から除外される。ただし、リードしている相手チームに対して投球している間に、自チームが逆転して再びリードを取り戻し、それを最後まで維持したときは、その投手に勝の記録が与えられる。

(b)先発投手は、次の回数を完了しなければ勝投手の記録は与えられない。
(1)勝チームの守備が6回以上の試合では5回。
(2)勝チームの守備が5回(6回未満)の試合では4回。

先発投手が本項を満たさないために救援投手に勝投手の記録が与えられる場合は、救援投手が1人だけであればその投手に、2人以上の救援投手が出場したのであれば、勝利をもたらすのに最も効果的な投球を行ったと記録員が判断した1人の救援投手に、勝投手の記録を与える。

投手がタイムリーで1点失ったあと、2アウト二塁のピンチ。フライに打ち取ったが、捕手がこれを落球したため、二塁走者が生還し1点。さらにタイムリーで計3点。このとき、投手の自責点はいくつになる？

タイムリーで1点を失ったあとのピンチで、捕手へのフライに打ち取りましたが、まさかの落球。ボールがフェアグラウンドに転がる間に、二塁走者がホームを踏みました。さらに2アウト二塁からタイムリー。この回、計3点を失いましたが、自責点はいくつになるでしょうか。

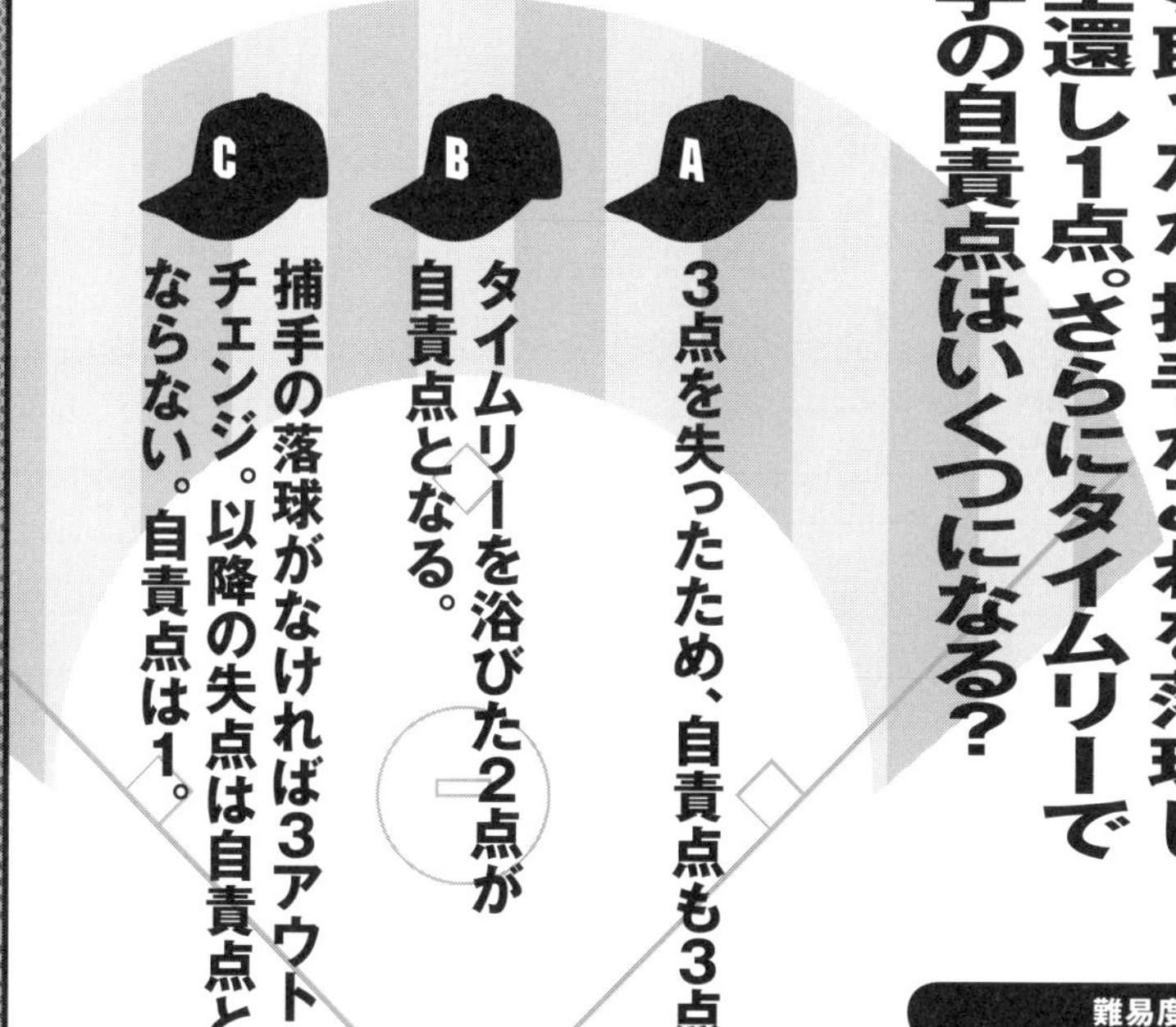

A 3点を失ったため、自責点も3点。

B タイムリーを浴びた2点が自責点となる。

C 捕手の落球がなければ3アウトチェンジ。以降の失点は自責点とならない。自責点は1。

難易度

A 41

捕手の落球がなければチェンジになっていたため、以降の自責点はゼロ。

Q41

投手がタイムリーで1点失ったあと、2アウト二塁のピンチ。フライに打ち取ったが、捕手がこれを落球したため、二塁走者が生還し1点。さらにタイムリーで計3点。このとき、投手の自責点はいくつになる?

2012年5月8日に行われた巨人対DeNA戦は、9回表2アウトから波乱がありました。3点ビハインドで迎えたDeNAがリリーフの西村健太朗投手から1点を返し、なおも2アウト二塁。ここで、中村紀洋選手がストレートに差し込まれ、捕手へのフライを打ち上げてしまいましたが、巨人・阿部慎之助捕手がまさかの落球。スタートを切っていた二塁走者はホームインし、さらに吉村裕基選手にもタイムリーが飛び出し同点に。規定により9回7対7の引き分けとなったのです。

西村投手の自責点は何点でしょうか。文字通り「自らの責任による失点」は何点だったのでしょう。

正解は1点です。はじめに浴びたタイムリーだけが自らの責任となります。阿部捕手の落球（記録は失策）がなければ、3アウトチェンジとなっていました。落球以降の失点は、いくら失っても、自責点にはならないのです。

公認野球規則10．16（a）項を確認してみましょう。

「（a）自責点は、安打、犠牲バント、犠牲フライ、盗塁、刺殺、野手選択、四球（故意四球も含む）、死球、ボーク、暴投（第3ストライクのときに暴投して打者を一塁に生かした場合も含む）により、走者が得点するたびごとに記録される。ただし、守備側が相手チームのプレーヤーを3人アウトにできる守備機会をつかむ前に、前記の条件をそなえた得点が記録された場合に限られる」

「ただし」以降がポイントとなります。3人アウトにできる守備機会をつかむ前に記録した得点でなければ、自責点とはならないのです。

投手がタイムリーで1点失ったあと、2アウト二塁のピンチ。フライに打ち取ったが、捕手がこれを落球したため、二塁走者が生還し1点。さらにタイムリーで計3点。このとき、投手の自責点はいくつになる？

出題元となった試合をPLAYBACK

［セ・リーグ公式戦］

DeNA 7-7 巨人

（2012年5月8日　宇都宮清原球場）

勝 ー　敗 ー　本 ボウカー1号

落球と時間稼ぎで失われた勝利

栃木県では3年ぶりのプロ野球公式戦。誰もが試合終了と思ったキャッチャーフライを、巨人の阿部が落球し、続く吉村の二塁打で同点。9回裏はDeNA・中畑監督の指示で時間稼ぎが行われ、「3時間半ルール」で試合終了。引き分けとなった。

［9回表］
2死二塁、中村選手の打席

TEAM	1	2	3	4	5	6	7	8	9	計
DeNA	0	0	0	0	1	2	0	1	3	7
巨人	2	1	0	3	0	1	0	0	0	7

解説　今回の答えの根拠となった野球規則

10.16　自責点とは、投手が責任を持たなければならない得点である。

自責点を決定するにあたっては、次の2点を考慮する。

まず、イニングについて、同一イニングに2人以上の投手が出場したときの救援投手は、出場するまでの失策（捕手などの打者への妨害を除く）または捕逸による守備機会を考慮されることなく、それまでのアウトの数をもとにしてあらためてイニングを終わさなければならない。（i項参照）

ついで、走者が進塁するにあたって失策があったときは、その失策がなくても進塁できたかどうかに疑問があれば、投手に有利になるように考慮する。

(a)自責点は、安打、犠牲バント、犠牲フライ、盗塁、刺殺、野手選択、四球（故意四球も含む）、死球、ボーク、暴投（第3ストライクのときに暴投して打者を一塁に生かした場合も含む）により、走者が得点するたびごとに記録される。ただし、守備側が相手チームのプレーヤーを3人アウトにできる守備機会をつかむ前に、上記の条件をそなえた得点が記録された場合に限られる。

暴投は投手の投球上の過失であって、四球またはボークと同様、自責点の決定にあたっては、投手が責任を負う。

QUESTION 42

高校野球の地方大会で、後攻チームが熱中症にかかるなどして、9人の選手が出場できなくなってしまった。試合は延長13回を終えて、7対7の同点。勝敗はどうなる？

高校野球地方大会で、熱中症等で足をひきずり、プレイできなくなる選手が続出。ついに13回表、守備から戻ってきた選手が、立てなくなってしまいました。交代選手を使いきっており、プレイ可能な選手は8人。13回裏が無得点となったとき、勝敗はどうなるでしょうか。

A 没収試合となり、9対0で先攻チームの勝ち。

B 継続試合となり、翌日、延長14回から再開となる。

C 試合は7回を終えているので7対7で成立。没収試合で先攻の勝ちとなる。

難易度

A 42

7回を終えて試合は成立しているため、スコアはそのままで没収試合となる。

Q42

高校野球の地方大会で、後攻チームが熱中症にかかるなどして、9人の選手が出場できなくなってしまった。試合は延長13回を終えて、7対7の同点。勝敗はどうなる?

2011年夏の広島県大会1回戦、広島井口対広島工大高戦でアクシデントが起きました。試合途中から両チームの選手が熱中症でダウンし、スタメンで出場していた選手が交代を余儀なくされたのです。そして、7対7の同点で延長に突入すると、13回表の守りを0点で抑えた広島工大高のセカンドがベンチに戻れず、ベンチ手前でうずくまってしまいました。この時点で、交代できる選手がいない状況に。すべての控え選手を使い切っていたのです。13回裏、広島工大高の攻撃が無得点に終わると、14回表の守りに9人の選手がつくことができず、没収試合が宣告されました。

当然のことですが、野球は9人でやるスポーツです。公認野球規則4.17には「一方のチームが競技場に9人のプレーヤーを位置させることができなくなるか、またはこれを拒否した場合、その試合はフォーフィッテッドゲームとなって相手チームの勝ちとなる」と書いてあります。

では、フォーフィッテッドゲームとは何でしょうか。公認野球規則2.31を見てみましょう。「フォーフィッテッドゲーム(没収試合)――規則違反のために、球審が試合終了を宣告して、9対0で過失のないチームに勝ちを与える試合である」

これは試合が成立しなかった場合の話です。高校野球でいえば、試合が成立するのは7回終了時(プロ野球では5回終了時)。後攻チームがリードしていれば、7回表を終えた時点で正式試合となります。この広島県大会は「広島井口7対7広島工大高(延長13回終了、没収試合で広島井口の勝ち)」といった表記で新聞等には掲載されていて、投打の記録もすべて残ります。

A 42

出題元となった試合をPLAYBACK

［高校野球・広島県大会1回戦］

広島井口 7-7 広島工大高

（2011年7月9日　マツダスタジアム）

猛暑に閉ざされた高校最後の夏

2011年、夏の広島県大会で悲劇が起きた。当日、広島市内は気温32.3度の猛暑。広島工大高の選手8人が熱中症からけいれんを起こし、そのうち3人が病院へ運ばれた。延長13回の熱戦も出場可能な選手が8人となり、没収試合となった。

解説 今回の答えの根拠となった野球規則

4.17　一方のチームが競技場に9人のプレーヤーを位置させることができなくなるか、またはこれを拒否した場合、その試合はフォーフィッテッドゲームとなって相手チームの勝ちとなる。

2.31　FORFEITED　GAME
「フォーフィッテッドゲーム（没収試合）」

規則違反のために、球審が試合終了を宣告して、9対0で過失のないチームに勝ちを与える試合である。（4.15）

高校野球の地方大会で、後攻チームが熱中症にかかるなどして、9人の選手が出場できなくなってしまった。試合は延長13回を終えて、7対7の同点。勝敗はどうなる？

投手が打者に1球投げたところで、体に異変を感じて交代し、次の投手がセンターフライに抑えた。記録はどのようになる？

4回途中まで無失点と好投していた先発投手が、2アウト二塁のピンチで打者に1球投げたところで体に異変を訴え、自らマウンドを降りました。緊急事態の中、2番手がセンターフライに抑えピンチ脱出。このとき、打者を抑えた記録はどちらに付くでしょうか？

A 一人目の投手が打者をアウトにしたことになる。

B 二人目の投手が打者をアウトにしたことになる。

C 一人目が投じた1球がノーカウントとなり、ノーノーから再開となる。

難易度

A 43

2人目の投手が
アウトにしたことになる。

Q043

投手が打者に1球投げたところで、体に異変を感じて交代し、次の投手がセンターフライに抑えた。記録はどのようになる？

打者の打撃途中に、投手の故障などにより交代が行われることがあります。

2012年9月17日の中日対巨人戦で実際に起きた事例です。中日の先発・吉見一起投手が4回表2アウト二塁の状況で、打者・阿部慎之助選手に1球投げたところで、体の異変を訴えて自ら降板。引き継いだ武藤祐太投手が、阿部選手をセンターフライに打ち取ったことがありました。

このような場合、記録はどうなるのか。公認野球規則10.16（h）（3）を見てみましょう。

「（h）前任投手が打者の打撃を完了させせないで退いたときには、次の要項によって各投手の責任が明らかにされる」

「（3）投手が代わって出場した当時、打者のボールカウントが次のような場合には、その打者およびその打者の行為はすべて救援投手の責任とする」

そのボールカウントとは、2ボール2ストライク、1－2、1－1、1－0、0－2、0－1の6種類です。武藤投手の場合はこれに当たるため、阿部選手を打ち取った記録は武藤投手に付くことになります。複雑なのが、四球を出したときです。10．16（1）を紹介します。

「（1）投手が代わって出場した当時、ボールカウントが次のようなときであって、その打者が四球を得た場合には、その四球を得た打者は前任投手が責めを負うべき打者として記録し、救援投手の責任とはならない」。ボールカウントが2ボール0ストライク、2－1、3－0、3－1、3－2のときです。つまり、打者有利カウントからの四球にかぎっては、前任投手の責任となります。

A 43

出題元となった試合をPLAYBACK

［セ・リーグ公式戦］

巨人 0-2 中日

（2012年9月17日　ナゴヤドーム）

勝 岩瀬1勝3敗30S　敗 小山2勝2敗　S 山井4勝3敗14S

先発投手が右肘の故障で緊急降板

優勝目前の巨人に対して中日の先発は吉見。4回表2死二塁、阿部への初球が高めに大きく外れると、両手で×印を作ってベンチに下がった。試合前から右肘内側にしびれを感じており、「迷惑をかけるなら降りようと思った」と明かした。

［4回表］
2死二塁、阿部選手の打席

TEAM	1	2	3	4	5	6	7	8	9	計
巨人	0	0	0	0	0	0	0	0	0	0
中日	0	0	0	0	0	0	0	2	X	2

解説　今回の答えの根拠となった野球規則

10.16　自責点とは、投手が責任を持たなければならない得点である。

（h）前任投手が打者の打撃を完了させないで退いたときには、次の要項によって各投手の責任が明らかにされる。

（1）投手が代わって出場した当時、ボールカウントが次のようなときであって、その打者が四球を得た場合には、その四球を得た打者を前任投手が責めを負うべき打者として記録し、救援投手の責任とはならない。

ストライク0―2ボール、ストライク1―2ボール、ストライク0―3ボール、ストライク1―3ボール、ストライク2―3ボール

（2）上記の場合、打者が四球以外の理由、すなわち安打、失策、野選、封殺、死球などで一塁に生きたときは救援投手の責任とする。（打者がアウトになったときも救援投手の責任となる）

［付記］このことは、10.16（g）に抵触するものではない。

（3）投手が代わって出場した当時、打者のボールカウントが次のような場合には、その打者およびその打者の行為はすべて救援投手の責任とする。

ストライク2―2ボール、ストライク2―1ボール、ストライク1―1ボール、ストライク0―1ボール、ストライク2―0ボール、ストライク1―0ボール

Q43

投手が打者に1球投げたところで、体に異変を感じて交代し、次の投手がセンターフライに抑えた。記録はどのようになる？

QUESTION 44

一塁でのクロスプレイに対して、一塁塁審はセーフ、球審はアウトのジャッジを同時に行った。この場合、セーフ？ アウト？ 判定はどうなる？

走者一塁でライト前ヒット。ライトはカットマンのショートに投げると、ショートは打者走者のオーバーランを刺す狙いで一塁へ送球しました。慌ててヘッドスライディングで戻る打者走者。クロスプレイなると、一塁塁審はセーフ、球審はアウトをジャッジしたのです。さて、判定は？

A 審判員の協議によって決められる。

B 一塁でのプレーのため、一塁塁審のジャッジが有効となる。

C ビデオ判定となる。

難易度

A 44

試合に出場している4人の審判員の協議によって決められる。

Q44

一塁でのクロスプレイに対して、一塁塁審はセーフ、球審はアウトのジャッジを同時に行った。この場合、セーフ？　アウト？　判定はどうなる？

もし、2人以上の審判員が異なるジャッジをしたらどうなるでしょうか？

2008年8月28日の巨人対横浜戦で、珍しいことが起こりました。5回裏、巨人が1アウト一塁と攻め、打席には坂本勇人選手。山北茂利投手のスライダーをライト前にうまく運び、一塁走者は三塁へ。ライトはカットマンのショートに送球すると、ショートは捕球後すぐに体を回転させて、一塁を回った坂本選手のオーバーランを刺しにきたのです。

ヘッドスライディングで慌てて戻る坂本選手に対して、一塁塁審はセーフのジャッジ。それを見た坂本選手がホッとしたのもつかの間、何と一塁近くにまで走り寄っていた球審がアウトのジャッジを下していたのです。球審自らタイムをかけて、審判員を集めて協議した結果、判定はセーフに。一塁塁審のジャッジが採用される形となりました。

公認野球規則9．04の（c）にこのような記述があります。

「一つのプレイに対して、2人以上の審判員が裁定を下し、しかもその裁定が食い違っていた場合には、球審は審判員を集めて協議し（監督、プレーヤーをまじえず、審判員だけで）、その結果、通常球審（または、このような場合には球審に代わって解決にあたるようにリーグ会長から選任された審判員）が、最適の位置から見たのはどの審判員であったか、またどの審判員の裁定が正しかったかなどを参酌して、どの裁定をとるかを決定する」

このときは一塁塁審のほうが、クロスプレイを見やすい位置にいたと判断されたわけです。

Q44

一塁でのクロスプレイに対して、一塁塁審はセーフ、球審はアウトのジャッジを同時に行った。
この場合、セーフ？　アウト？　判定はどうなる？

出題元となった試合をPLAYBACK

［セ・リーグ公式戦］

横浜 1-7 巨人

（2008年8月28日　東京ドーム）

勝 上原3勝4敗1S　敗 ウィリアムス2勝2敗　本 小笠原26号、ラミレス34号、谷8号

球審と塁審、正しいのはどっち!?

東京ドームで横浜に負けなしの巨人は初回、5安打で4点を奪う。5回攻撃時のタッチプレイは、杉永球審がアウト、一塁の笠原塁審がセーフと判定が分かれ、協議の結果セーフに。横浜・大矢監督の猛抗議は実らず、試合再開となった。

TEAM	1	2	3	4	5	6	7	8	9	計
横浜	1	0	0	0	0	0	0	0	0	**1**
巨人	4	0	0	0	2	1	0	0	X	**7**

［5回裏］
1死一塁、坂本選手の打球

解説　今回の答えの根拠となった野球規則

9.04　球審および塁審の任務

(c)一つのプレイに対して、2人以上の審判員が裁定を下し、しかもその裁定が食い違っていた場合には、球審は審判員を集めて協議し（監督、プレーヤーをまじえず、審判員だけで）、その結果、通常球審（または、このような場合には球審に代わって解決にあたるようにリーグ会長から選任された審判員）が、最適の位置から見たのはどの審判員であったか、またどの審判員の裁定が正しかったかなどを参酌して、どの裁定をとるかを決定する。
このようにして、決定された裁定は最終のものであり、初めから一つの裁定が下された場合と同様に、試合は続行されなければならない。

QUESTION 45

かつて、イースタンリーグで規定打席に2打席達していない打者が首位打者を獲得したことがある。なぜ、こういう事例が起きるのか？

イースタンリーグの規定打席は試合数×2．7以上です。シーズン終了時、打率1位は．330でしたが、規定打席に3打席足りない選手が打率．345を記録していました。そして、「首位打者」のタイトルを獲得したのは3打席不足していた選手。なぜでしょうか？

A 規定打席に達していなくても、不足数を打数として加算することができるため。

B 5打席以内の不足であれば、達したことと認められるため。

C ファームに「規定打席」という考えはないため。

難易度

A 45

不足分を打数として加算することができる。

Q45

かつて、イースタンリーグで規定打席に2打席達していない打者が首位打者を獲得したことがある。なぜ、こういう事例が起きるのか？

公認野球規則10．22「プロフェッショナルリーグの打撃、投手、守備における各最優秀プレーヤーの決定は、次の基準による」の（a）項に、次の記述があります。

「打席数とは、打数、四球、死球、犠牲バント、犠牲フライおよび妨害または走塁妨害による出塁数の各々の合計をいう。ただし、必要な打席数に満たない打者でも、その不足数を打数として加算し、なお最高の打率、長打率、出塁率になった場合には、この打者がリーグの首位打者、最高長打率打者、最高出塁率打者となる」

２０１１年のイースタンリーグで、この規則が採用されました。リーグ終了時、記録上の打率１位は雄平選手（ヤクルト）で打率．３３０。ところが、規定打席に達していない銀次選手（楽天）が打率．３４５をマークしていたのです。銀次選手は打席数２８９、打数２４９、安打86でした。

１軍の規定打席はチームの試合数×３．１以上ですが、ファームは試合数×２．７以上（端数は四捨五入する）と定められています。２０１１年のファーム楽天の試合数は１０８。ここに２．７を掛けると、２９２打席（２９１．６）が規定打席になります。つまり、銀次選手は規定打席に３打席不足していたわけです。

公認野球規則10．22にのっとって、２４９打数に３打席を足すと２５２打数になります。これで計算すると、打率．３４１。雄平選手を上回り、首位打者となったのです。なお、１軍でこの規定によって、首位打者に輝いたケースはまだありません。

A 45

解説 今回の答えの根拠となった野球規則

10.22 プロフェッショナルリーグの打撃、投手、守備における各最優秀プレーヤーの決定は、次の基準による。

(a)リーグの首位打者、最高長打率打者、最高出塁率打者は、最高の打率、長打率、出塁率をあげたプレーヤーに与えられる。ただし、メジャーリーグではそのシーズン中の1クラブあたりに組まれている試合総数の3.1倍以上、マイナーリーグでは2.7倍以上の打席数を必要とする。

打席数とは、打数、四球、死球、犠牲バント、犠牲フライおよび妨害または走塁妨害による出塁数の各々の合計をいう。

ただし、必要な打席数に満たない打者でも、その不足数を打数として加算し、なお最高の打率、長打率、出塁率になった場合には、この打者がリーグの首位打者、最高長打率打者、最高出塁率打者となる。

[原注]1クラブあたり162試合が組まれているメジャーリーグでは、その3.1倍の502、1クラブ140試合が組まれているマイナーリーグでは、その2.7倍の378が規定打席数である。端数は四捨五入する。たとえば、162の3.1倍は502.2だが、端数を切り捨てて502が規定打席数となる。

Aが、500打数181安打、打率3割6分2厘で、502打席以上の打者中最高打率を記録したとしても、490打席のBが440打数165安打、打率3割7分5厘を記録した場合、首位打者はBである。なぜなら、Bの打数に12を加えて打率を算出すると3割6分5厘となり、Aを上回るからである。

Q45

かつて、イースタンリーグで規定打席に2打席達していない打者が首位打者を獲得したことがある。なぜ、こういう事例が起きるのか？

COLUMN 5

捕手の打撃妨害

三塁走者がホームスチール。プロ野球ではめったに見られないプレイですが、稀だからこそ、慌てて前に飛び出てしまう捕手がいます。

公認野球規則7．07には「三塁走者が、スクイズプレイまたは盗塁によって得点しようと試みた場合、捕手またはその他の野手がボールを持たないで、本塁の上またはその前方に出るか、あるいは打者または打者のバットに触れたときには、投手にボークを課して、打者はインターフェアによって一塁が与えられる。この際はボールデッドとなる」と書いてあります。三塁走者がホームインしたうえで、打者も一塁に出塁するのです。

ここで球審として判断が難しいのが「本塁の上またはその前方に出るか」の箇所になります。本塁の上とは、どこまでを指すのでしょうか。ホームベースの五角形がありますが、プロ野球では捕手寄りにある三角形を超えてしまったら7．07の適用と考えられています。ミットが出ている分には問題ありませんが、体や足が出ていると、ボークとインターフェアが取られるのです。

かつて、若菜嘉晴捕手が右打者に対してスクイズを外すときに、左バッターボックスの中にまで入って、ウエストしたことがありました。そこで「さすがに前に出過ぎではないか」と議論になり、どこまで前に出たら7．07を適用するかが話し合われたのです。

COLUMN 6

球審の個性

球審によっても構えが違い、それぞれの個性があります。主に、足を左右に開く「ボックス」、前後に開く「シザーズ」、片ヒザを着く「ニーズ」の3種類。もっとも多いのがボックスで、日本人の球審の多くが取り入れています。

私がやっていたのがシザーズです。日本のプロ野球審判員の中で初めて取り入れたと言われています。ニーズは背の高い外国人の審判が取り入れているスタイルですが、1球1球ヒザを着くため、ヒザにかかる負担は相当なものがあります。

このように、球審のスタイルを知ると、今までとは違った野球の面白さが見えてくるかもしれません。

また、ファウルが飛んだあとなど、ボールデッド後のボールを球審自らピッチャーに投げるかどうかも、球審によって個性があります。私は自分で投げることでリズムを作っていたので、自ら投げるようにしていました。

ただ、今の球審を見ていると、捕手にボールを渡していることが多いようですね。そのあと、捕手がボールをこねているシーンを見ますが、試合前に審判員が丁寧にこねていますから、必要ないのではと思ってしまいます。

おわりに

高校野球やプロ野球を見ていると、必ず年に数回は珍しいプレーが生まれます。本書の116ページで紹介した球審のボール入れから予備のボールが落ち、グラウンド上に2つのボールが転がるというシーンなど、めったにないことです。こういうプレーがあると、翌日の新聞には判定の根拠となる「公認野球規則」が紹介されることが多いので、確認してみるといいでしょう。実際に起きたプレーから、ルールを学ぶことができると思います。

野球のルールというのは、常に同じではなく、少しずつ変遷を遂げています。

有名なところでは「フォアボール」があります。ボールが4つでフォアボール。今では当たり前のことですが、1876年にメジャーリーグが発足したときはナインボールでした。ここからエイトボール、セブンボール…と、ボールの数が減ってきたのです。もし、今もナインボールでプレーをしていたら、投手有利の野球になるのは間違いありませんね。試合時間も間違いなく、長くなるでしょう。

2014年から、投手の「三塁偽投」が禁止になります。偽投とは、プレートを踏んだままけん制のふりをする動作です。右投手が走者を一、三塁に背負ったときに、よく使われていました。メジャーリーグでは昨年から適用されていましたが、日本では今年からになります。かつては、投手の一塁偽投も認められていた時代もありました。ただ、これでは野球の醍醐味のひとつである盗塁の面白さを消してしまうと考えられ、一塁偽投が禁止になったのです。

また、メジャーリーグでは今年から本塁での危険な接触プレーが制限されることになりました。「ホームインを狙う走者は、本塁への直線的な走路から外れて捕手または本塁を守る選手に接触しようとすることが禁じられる。違反したと審判が認めれば、走者にアウトが宣告される」という形で試験的に採用されます。

このように、時代とともにルールは変わっていきます。そして、変わるのには理由があるのです。「なぜ、ルールが変わるのか」という視点で野球を見てみると、今までとは違う面白さに気付けるのではないでしょうか。

2014年3月吉日

小林毅二

［監修］ 小林毅二（こばやし たきじ）

元セントラルリーグ審判部長。日体荏原高校から日本大学卒業後、（株）丸井を経てセントラルリーグ審判部入局。2000年から審判部長、2003年12月に退任した。現在は高校野球、大学野球の審判員を務める。通算出場試合数は2898試合、オールスター出場6回、日本シリーズ出場12回を誇る、日本プロ野球界を代表する審判の一人。1994年10月8日、国民的行事と当時の長嶋茂雄監督が称した「10.8決戦」などで球審を務めた。

［構成］ 大利 実（おおとし みのる）

1977年生まれ、横浜市出身。成蹊大学卒業後、スポーツライター事務所を経て、独立。主に中学軟式野球、高校野球を追っている。主な寄稿先に『中学野球太郎』『野球太郎』『ホームラン』（廣済堂出版）など。著書に『高校野球　神奈川を戦う監督（おとこ）たち』（日刊スポーツ出版社）などがある。

ベースボールサミット第1回
田中将大、ヤンキース成功への道

『ベースボールサミット』編集部編著
定価：1,300円＋税

野球好きのための新しい野球エンターテイメント本が創刊！
毎号一つのテーマを設け、さまざまな視点から取り上げることで
野球の面白さ、奥深さを発信していきます。

［主な議題内容］

チームメイト・ライバルが語る田中将大
黒田博樹　内川聖一　浅村栄斗

恩師が語る、マー君育成術
野村克也（元東北楽天監督）

山村宏樹×山﨑武司
24勝0敗、田中の進化…etc

編集
滝川 昴（株式会社レッカ社）

ブックデザイン
松坂 健（TwoThree）

カバー／章トビライラスト
クロマツテツロウ

本文イラスト
りおた

編集協力
平田美穂

DTPオペレーション
アワーズ

名珍場面から振り返る

野球のルール

発行日　2014年4月8日　初版

監　修　小《こ》林《ばやし》毅《たき》二《じ》
発行人　坪井義哉
発行所　株式会社カンゼン
〒101-0021
東京都千代田区外神田2-7-1 開花ビル4F
TEL 03（5295）7723
FAX 03（5295）7725
http://www.kanzen.jp/
郵便為替 00150-7-130339
印刷・製本　株式会社シナノ

ISBN 978-4-86255-235-8　Printed in Japan
定価はカバーに表示してあります。
ご意見、ご感想に関しましては、kanso@kanzen.jpまでEメールにてお寄せ下さい。お待ちしております。